쉽고 재미있게
생각하는 연산!

연산력 수학

노크

D1
(초2~초3)

두 자리 수의 덧셈

노크의 구성

연산 학습 ▶ 하루에 4쪽씩 한 가지 주제를 학습합니다.

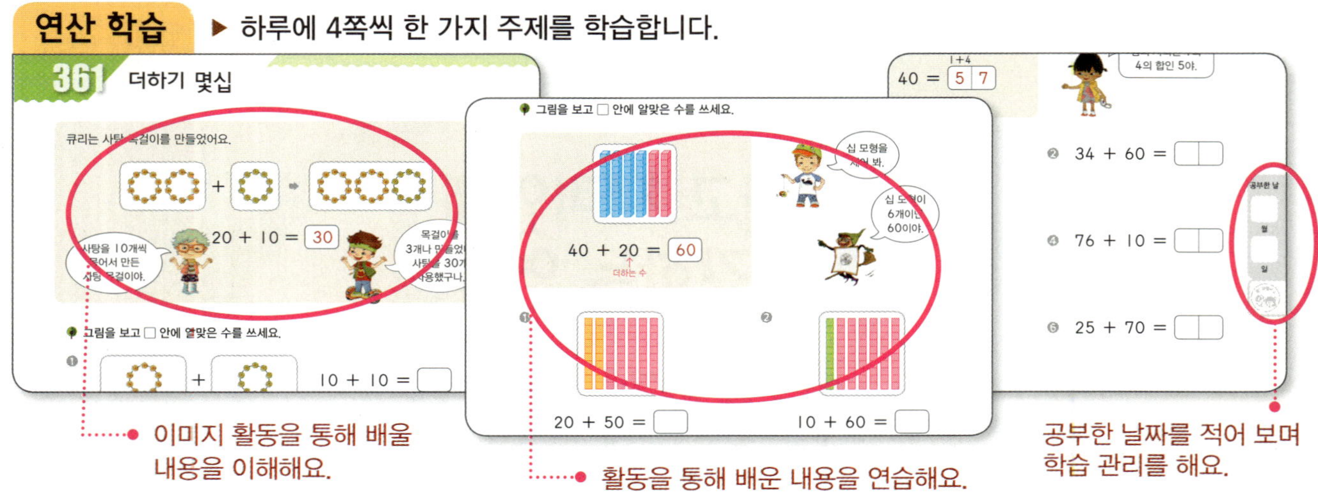

이미지 활동을 통해 배울 내용을 이해해요.

활동을 통해 배운 내용을 연습해요.

공부한 날짜를 적어 보며 학습 관리를 해요.

평가 ▶ 배웠던 주제를 평가해 봅니다.

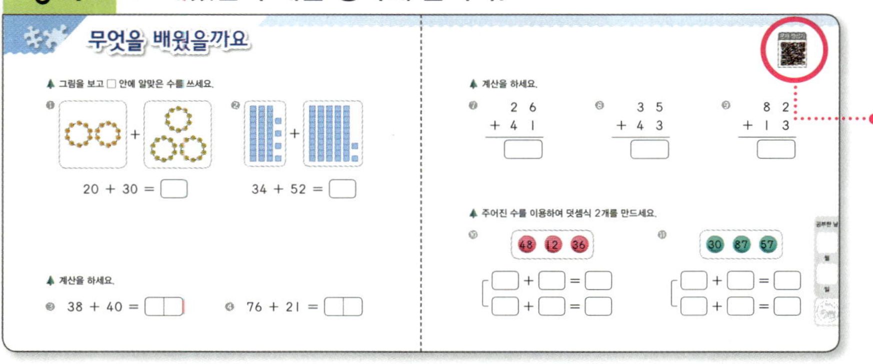

"문제 생성기" QR코드를 이용하면 여러 문제를 더 풀어 볼 수 있어요.

연산 보충 학습 ▶ 연산 학습의 부족한 부분을 연습합니다.

받아올림이 없는 두 자리 수의 덧셈
관련 쪽수: 6~27쪽

계산을 하세요.

$51 + 20 =$
$32 + 60 =$
$11 + 70 =$
$68 + 10 =$
$43 + 40 =$
$24 + 72 =$
$58 + 21 =$
$48 + 30 =$

계산을 하세요.

	5 0	4 8	7 2
	+ 2 7	+ 3 0	+ 1 4

	6 4	3 3	2 8
	+ 2 5	+ 4 5	+ 5 0

| | 5 6 | 1 3 | 8 5 |

각 주제별로 학습했던 연산 학습 중 연습이 더 필요한 부분을 본책 맨 뒤에서 제공합니다.
해당 연산 학습을 끝낸 후에 사용하세요.

연산력 수학 노크만의 스마트 학습

문제 생성기

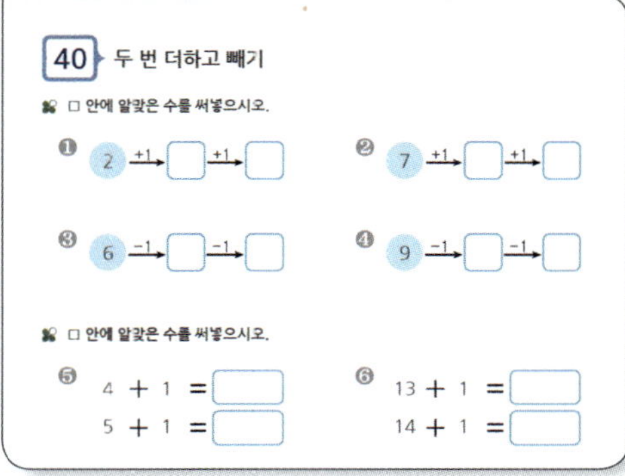

"**무엇을 배웠을까요**"를 풀고 난 후 QR코드를 찍어 보세요.
새로운 문제들이 계속 생성됩니다.
출력하여 사용하세요.

연산력 게임

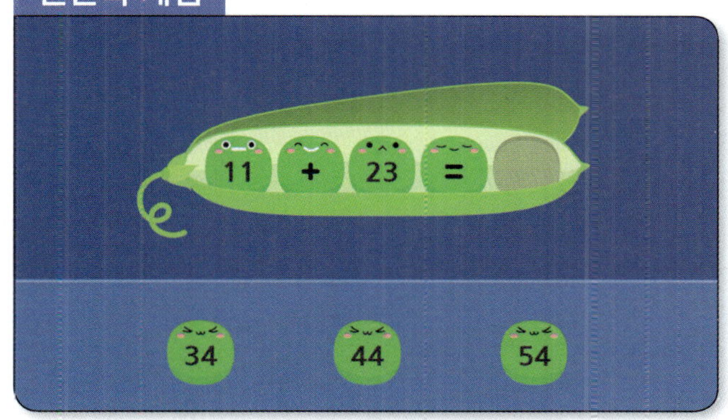

"**연산력 게임**" 코너에 있는 QR코드를 찍어 보세요.
연산 학습과 연계된 재미있는 연산력 게임을 할 수 있습니다.

애니메이션

연산력 수학 노크에 나오는 친구들을 쇼개해요!!

모험가 친구들

태돌
추진력 리더

현우
끈기 대장

큐리
호기심 해결사

티나
치밀한 전략가

마법사 멀린과 수학 요정

마법사 멀린

꼬마 요괴

딴소리

한입

장난

딴짓

멍하니

잠만자

울보

거꾸로

차례

받아올림이 없는 두 자리 수의 덧셈

▶ 연산 보충 학습(102 ～ 103쪽)에서 더 풀어 보세요.

학부모 지도 가이드

'13＋21'과 같은 받아올림이 없는 두 자리 수끼리의 합을 배우게 됩니다. 두 자리 수를 십 모형, 낱개 모형으로 나누어 십 모형의 합, 낱개 모형의 합을 구하도록 합니다.

$$13 + 21 = 34$$

$$\begin{array}{r} 1\ 3 \\ +\ 2\ 1 \\ \hline 3\ 4 \end{array}$$

가로셈을 세로셈으로 바꿀 때는 같은 자리끼리 줄을 맞추어 계산합니다.

더하기 몇십

큐리는 사탕 목걸이를 만들었어요.

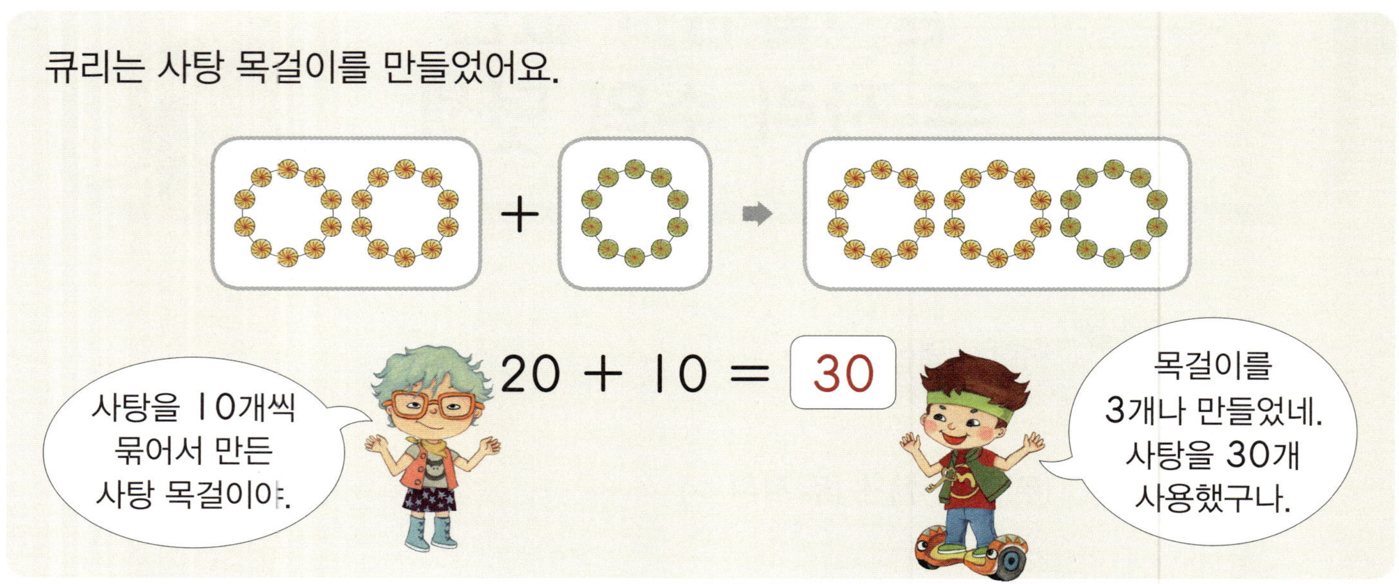

🌳 그림을 보고 ☐ 안에 알맞은 수를 쓰세요.

① 10 + 10 = ☐

② 20 + 20 = ☐

③ 30 + 40 = ☐

그림을 보고 □ 안에 알맞은 수를 쓰세요.

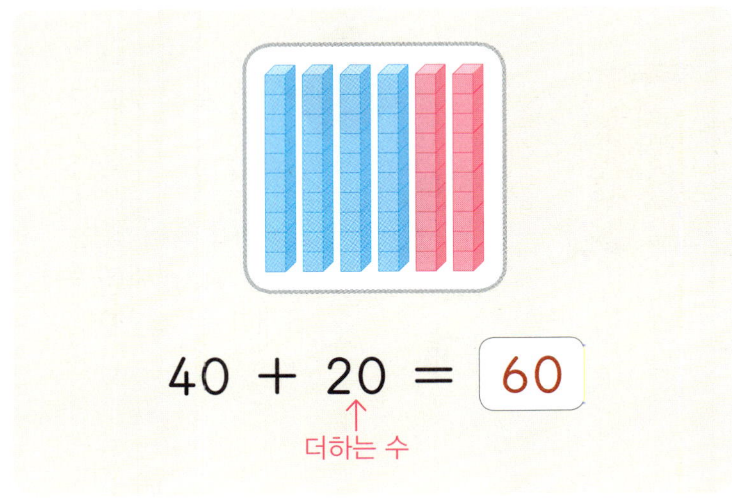

$$40 + 20 = \boxed{60}$$

더하는 수

❶ 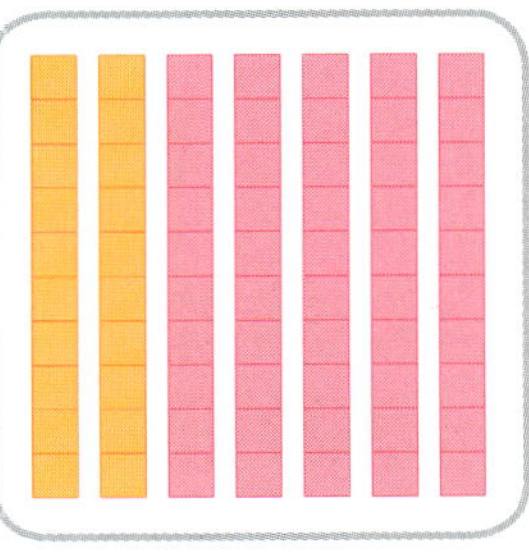

$$20 + 50 = \boxed{}$$

❷

$$10 + 60 = \boxed{}$$

❸ 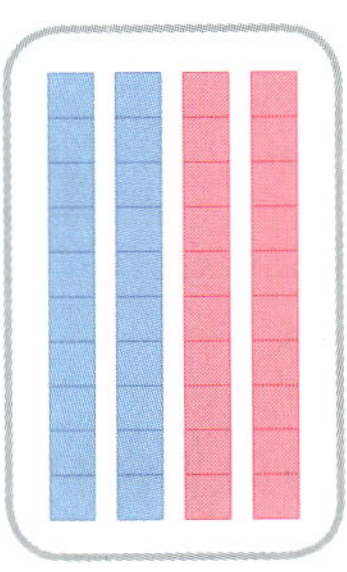

$$20 + 20 = \boxed{}$$

❹ 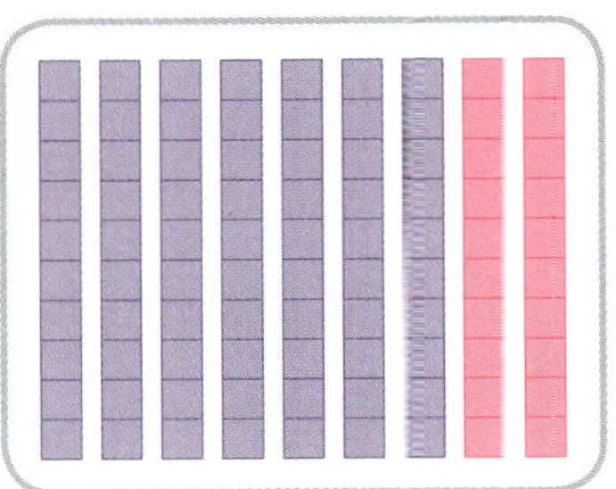

$$70 + 20 = \boxed{}$$

🌳 그림을 보고 ☐ 안에 알맞은 수를 쓰세요.

❶
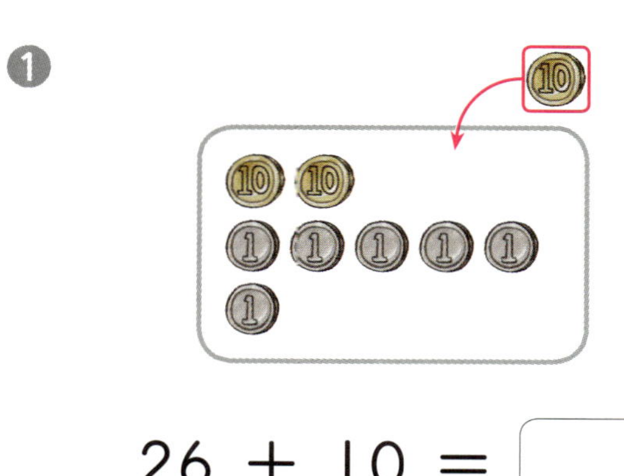

26 + 10 = ☐

❷
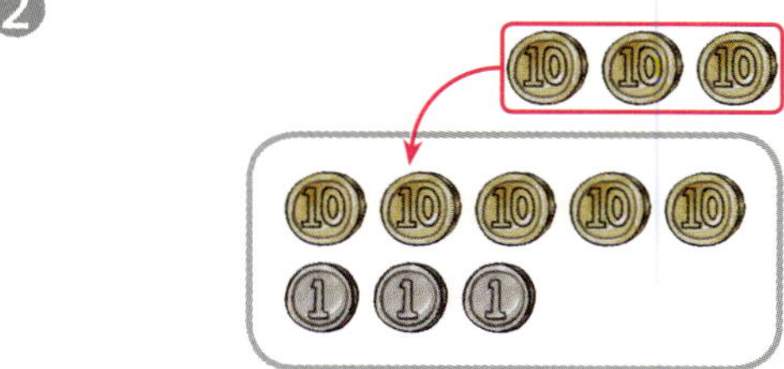

53 + 30 = ☐

❸

42 + 20 = ☐

❹
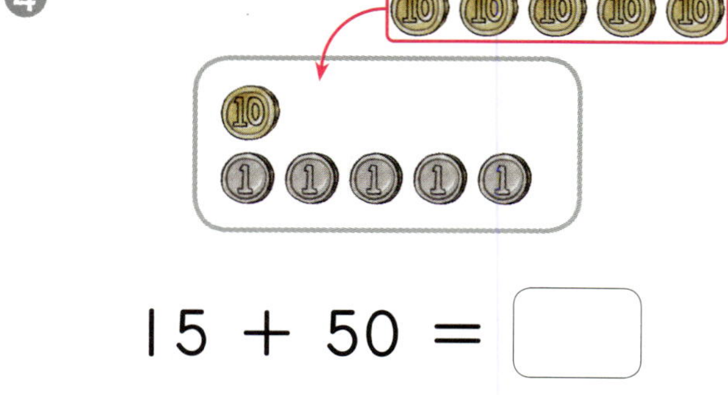

15 + 50 = ☐

계산을 하세요.

$$1+4$$
$$17 + 40 = \boxed{5\,7}$$

① $63 + 20 = \boxed{}$

② $34 + 60 = \boxed{}$

③ $11 + 50 = \boxed{}$

④ $76 + 10 = \boxed{}$

⑤ $42 + 30 = \boxed{}$

⑥ $25 + 70 = \boxed{}$

⑦ $58 + 10 = \boxed{}$

⑧ $49 + 30 = \boxed{}$

⑨ $31 + 40 = \boxed{}$

⑩ $65 + 10 = \boxed{}$

(두 자리 수)+(두 자리 수)

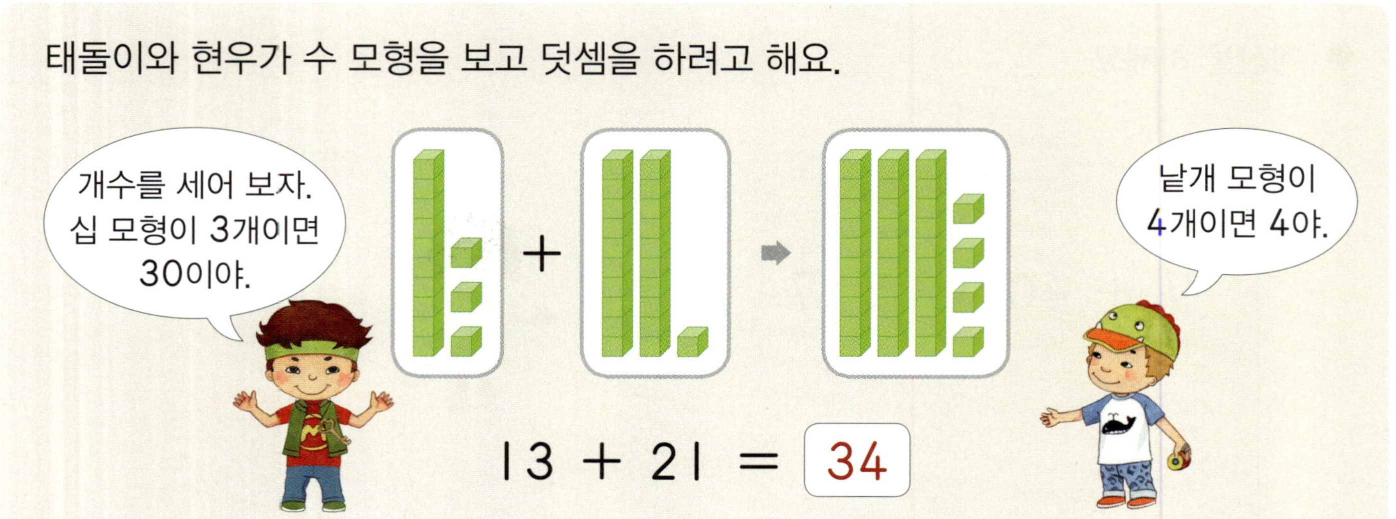

🌳 그림을 보고 ☐ 안에 알맞은 수를 쓰세요.

❶ 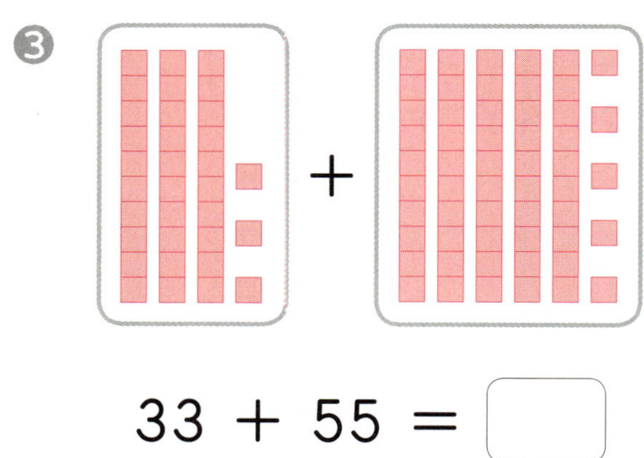

22 + 24 = ☐

❷

16 + 43 = ☐

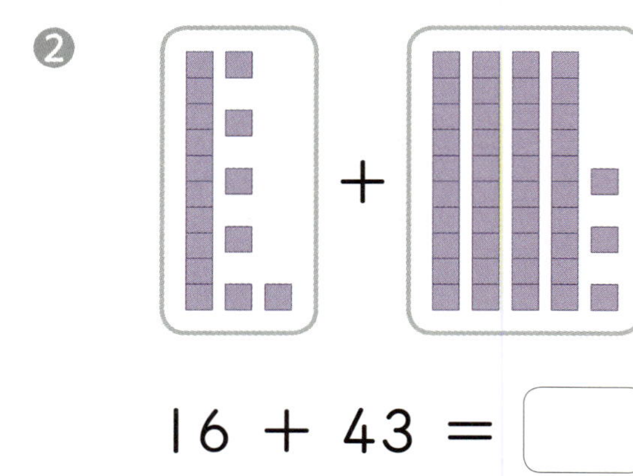

❸

33 + 55 = ☐

❹ 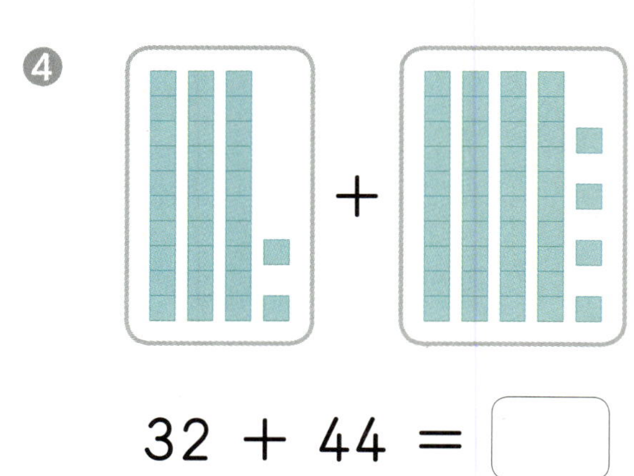

32 + 44 = ☐

①

16 + 41 = ☐

②

52 + 17 = ☐

③

24 + 62 = ☐

④

13 + 31 = ☐

⑤

35 + 42 = ☐

⑥

41 + 53 = ☐

🌳 덧셈을 하세요.

① 

② 

③ 

④ 

⑤ 

⑥ 

계산 결과를 찾아 ○표 하세요.

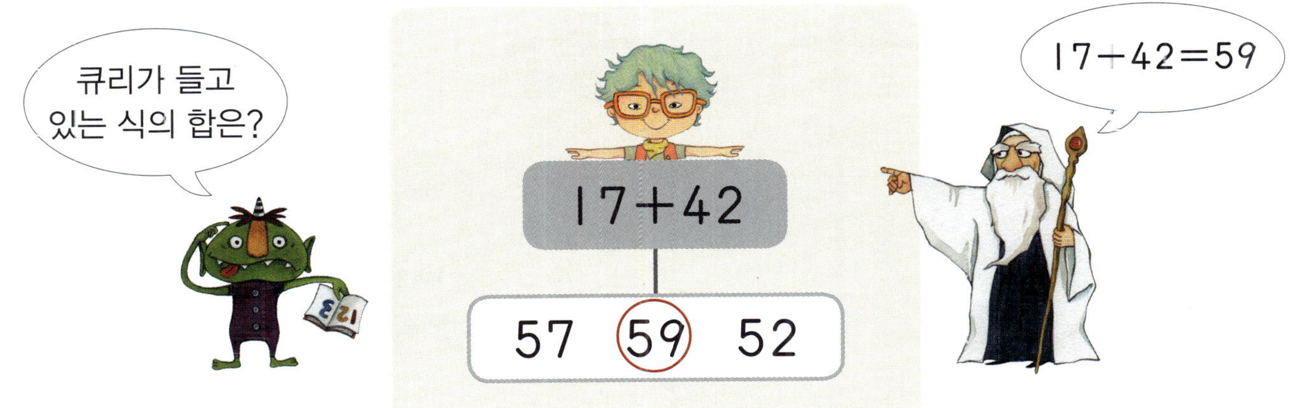

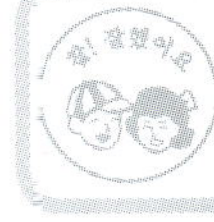

❶ 36+11

47 57 74

❷ 32+15

46 47 48

❸ 46+23

68 67 69

❹ 47+31

76 78 79

❺ 62+26

77 99 88

❻ 13+74

78 89 87

공부한 날 월 일

🌳 그림을 보고 ☐ 안에 알맞은 수를 쓰세요.

❶

$$
\begin{array}{r}
3\ 4 \\
+\ 1\ 2 \\
\hline
\boxed{6}
\end{array}
$$
4+2

➡

$$
\begin{array}{r}
3\ 4 \\
+\ 1\ 2 \\
\hline
\boxed{4}\ \boxed{6}
\end{array}
$$
3+1

$$
\begin{array}{r}
3\ 4 \\
+\ 1\ 2 \\
\hline
\boxed{}
\end{array}
$$

❷

$$
\begin{array}{r}
1\ 6 \\
+\ 7\ 3 \\
\hline
\boxed{}
\end{array}
$$

➡

$$
\begin{array}{r}
1\ 6 \\
+\ 7\ 3 \\
\hline
\boxed{}\ \boxed{}
\end{array}
$$

$$
\begin{array}{r}
1\ 6 \\
+\ 7\ 3 \\
\hline
\boxed{}
\end{array}
$$

❸

$$
\begin{array}{r}
4\ 1 \\
+\ 4\ 5 \\
\hline
\boxed{}
\end{array}
$$

➡

$$
\begin{array}{r}
4\ 1 \\
+\ 4\ 5 \\
\hline
\boxed{}\ \boxed{}
\end{array}
$$

$$
\begin{array}{r}
4\ 1 \\
+\ 4\ 5 \\
\hline
\boxed{}
\end{array}
$$

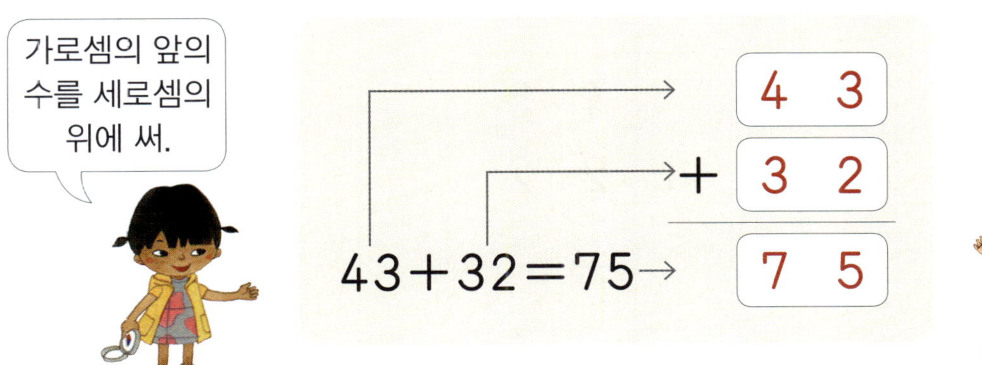

❶ 26+51 +

❷ 13+74 +

❸ 45+22 +

❹ 32+26 +

❺ 61+18 +

❻ 37+52 +

계산 결과를 찾아 선으로 이으세요.

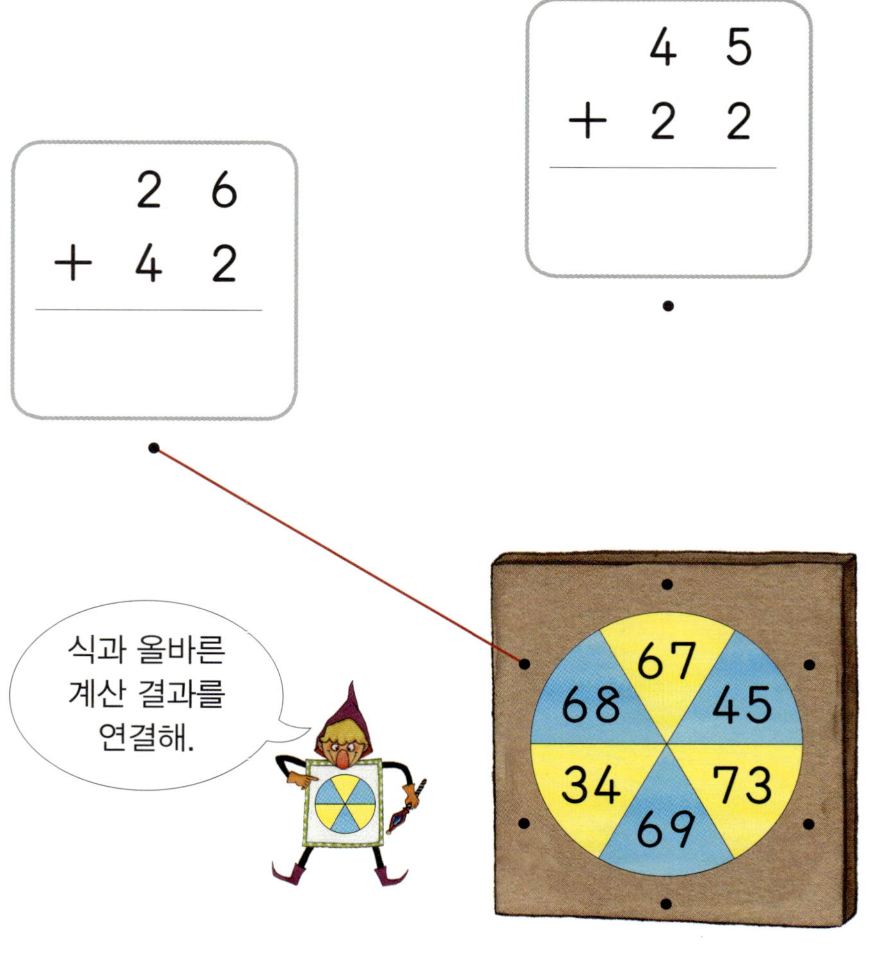
4 5
+ 2 2

2 6
+ 4 2

3 1
+ 4 2

67
68   45
34   73
69

1 7
+ 5 2

2 0
+ 1 4

3 2
+ 1 3

식과 올바른
계산 결과를
연결해.

계산을 하세요.

```
   2 3
+  4 5
-------
   6 8
```

①
```
   5 1
+  2 6
-------
```

②
```
   4 7
+  3 2
-------
```

③
```
   7 3
+  1 5
-------
```

④
```
   6 4
+  3 5
-------
```

⑤
```
   3 3
+  4 1
-------
```

⑥
```
   1 8
+  5 0
-------
```

⑦
```
   3 6
+  4 3
-------
```

⑧
```
   2 2
+  7 4
-------
```

⑨
```
   8 6
+  1 2
-------
```

바꾸어 더하기

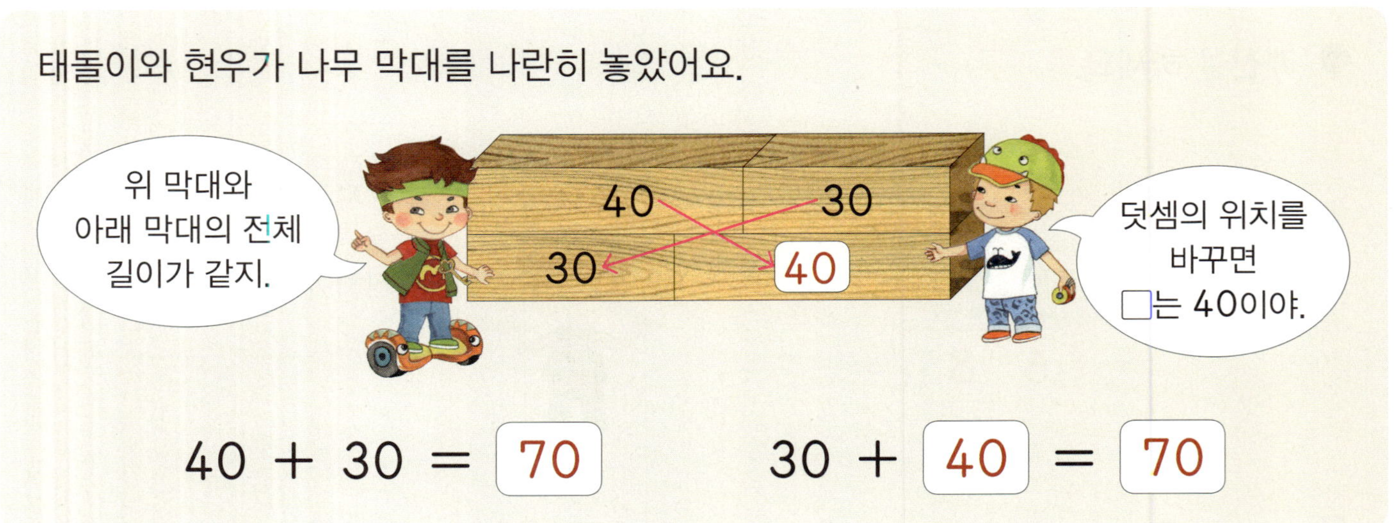

🌳 그림을 보고 □ 안에 알맞은 수를 쓰세요.

❶ 

54 + 24 = □

24 + □ = □

❷ 

30 + 15 = □

□ + 30 = □

❸

51 + 18 = □

18 + □ = □

계산 결과를 찾아 선으로 이으세요.

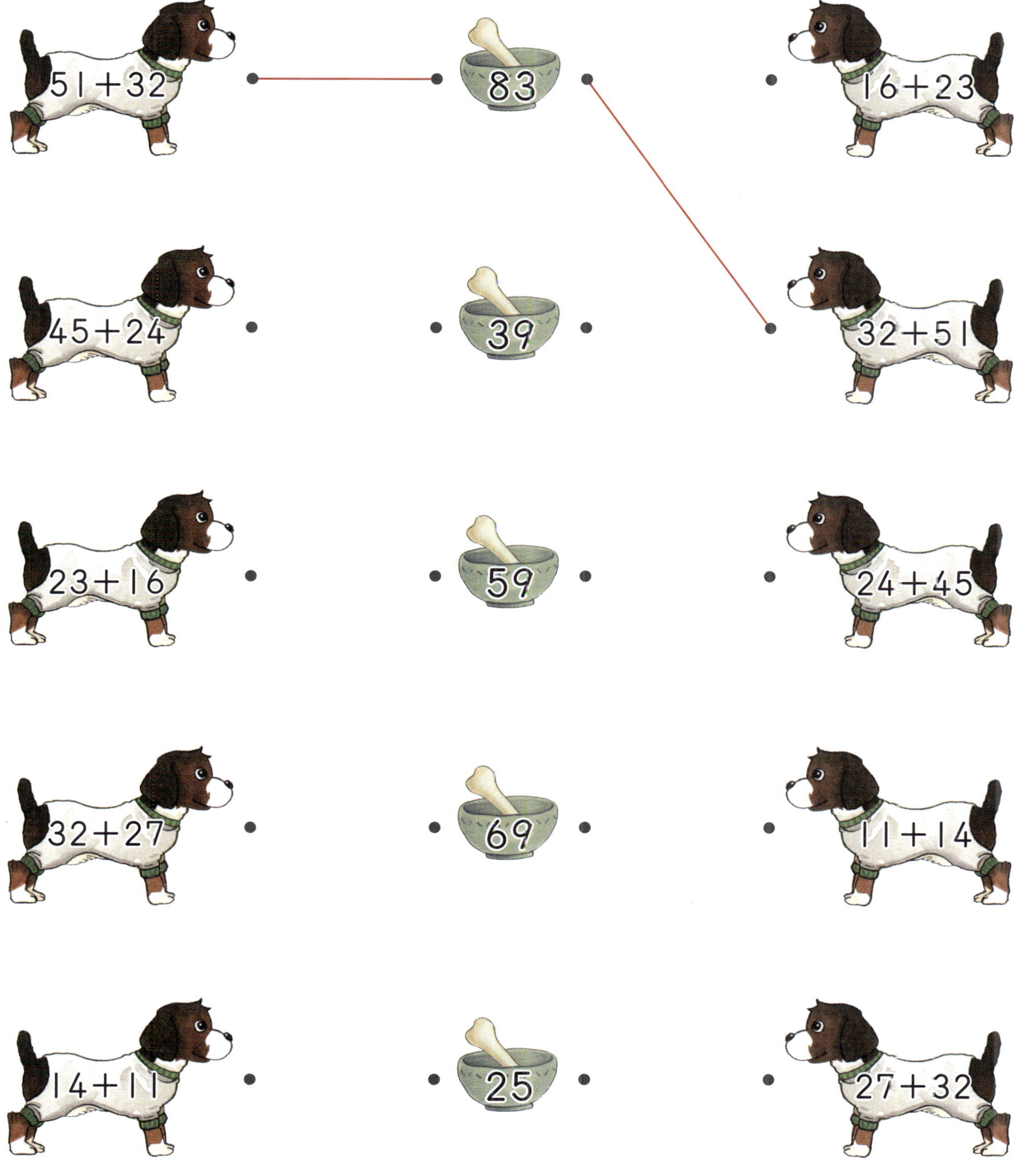

큐리와 티나가 수가 적힌 공을 이용하여 덧셈식을 만들었어요.

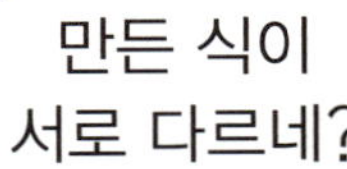

24 25 49

24 + 25 = 49
25 + 24 = 49

🌳 주어진 수를 이용하여 덧셈식 2개를 만드세요.

❶ 27 61 88

☐ + ☐ = ☐
☐ + ☐ = ☐

❷ 33 45 78

☐ + ☐ = ☐
☐ + ☐ = ☐

❸ 56 13 43

☐ + ☐ = ☐
☐ + ☐ = ☐

❹ 20 94 74

☐ + ☐ = ☐
☐ + ☐ = ☐

🌳 바꾸어 더하기를 사용하여 계산을 하세요.

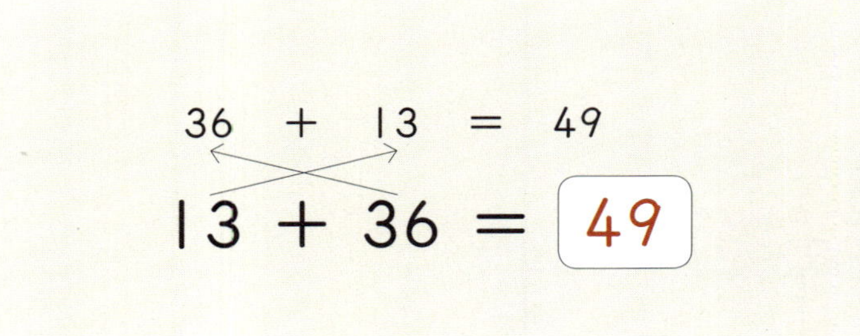

❶ 21 + 65 = ☐

❷ 13 + 46 = ☐

❸ 37 + 52 = ☐

❹ 26 + 73 = ☐

❺ 41 + 55 = ☐

❻ 32 + 61 = ☐

❼ 14 + 83 = ☐

❽ 24 + 53 = ☐

❾ 33 + 54 = ☐

❿ 11 + 86 = ☐

공부한 날
월
일

재미있는 덧셈 연습

🌳 계산 결과를 찾아 선을 그어 길을 만들어 보세요.

사다리 타기를 하여 ☐ 안에 알맞은 수를 쓰세요.

43
18
+21
39
64
18+21=39
43+21=64

사다리 타면서 계산하는 거야. 재미있겠다～
화살표 방향으로 계산해.

❶
11
56
+42

❷
35
70
+13

❸
23
41
+54

❹
62
51
+27

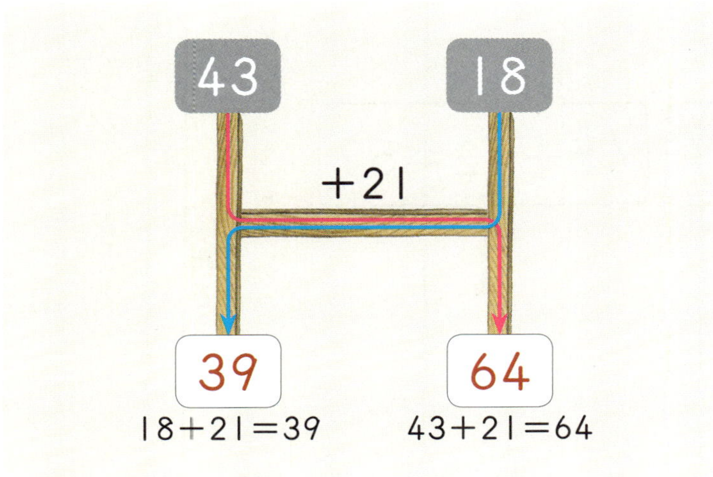

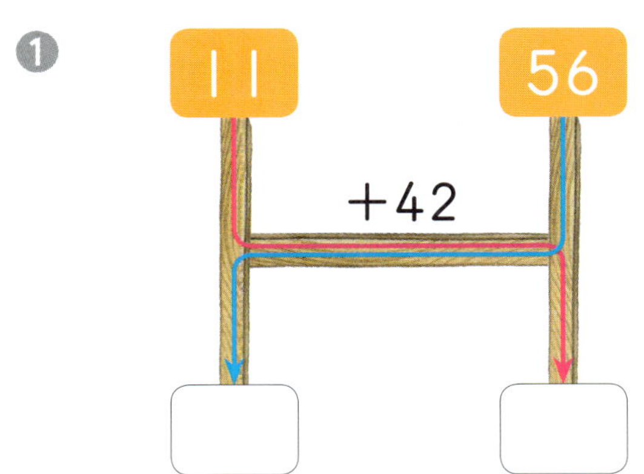

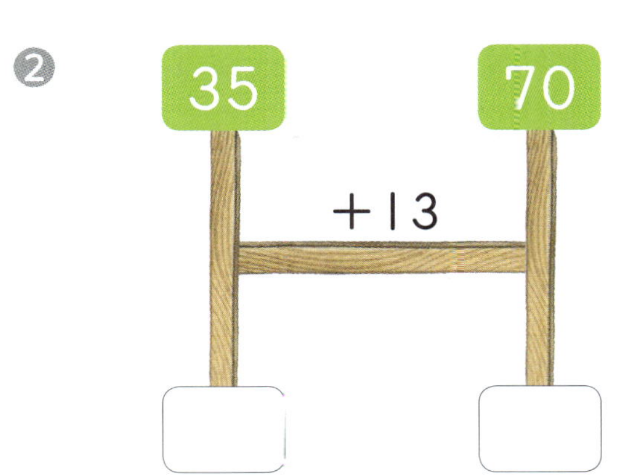

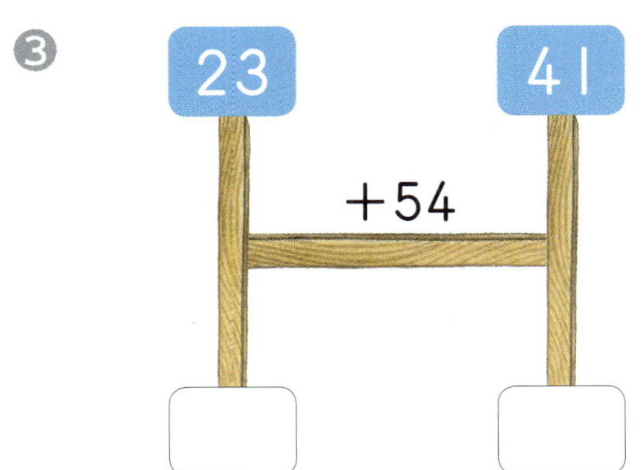

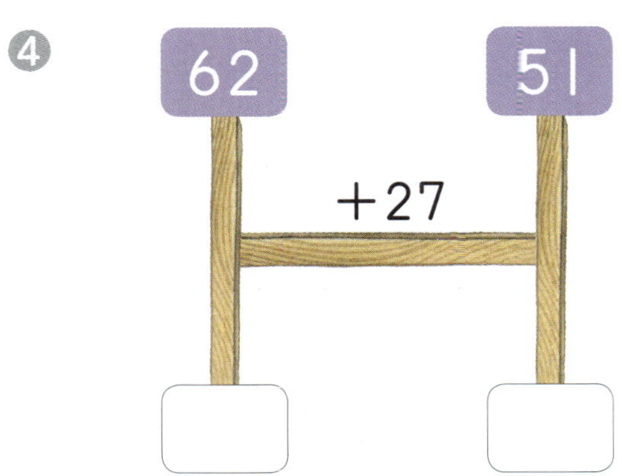

티나와 큐리가 팻말 옆에 서 있어요.

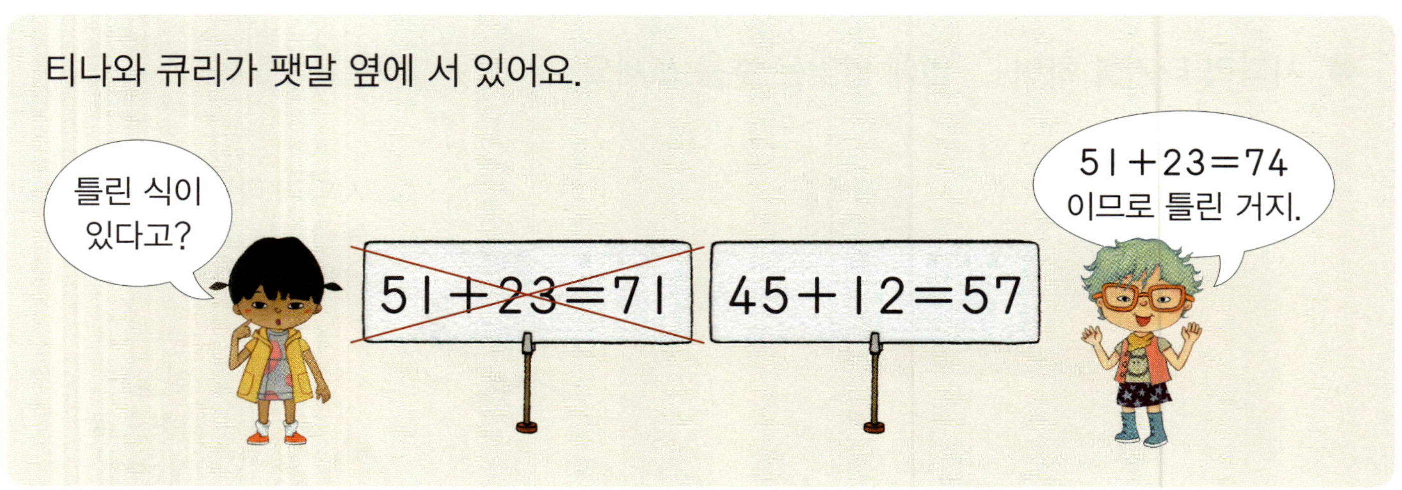

🌳 잘못된 식에 ✕표 하세요.

❶
17＋12＝29
34＋61＝94

❷
65＋10＝75
23＋43＝65

❸
46＋21＝67
74＋14＝89

❹
12＋64＝86
38＋40＝78

❺
28＋20＝49
56＋22＝78

❻
51＋17＝67
45＋34＝79

🌳 식의 계산 결과와 합이 같은 두 수를 찾아 ◯표 하세요.

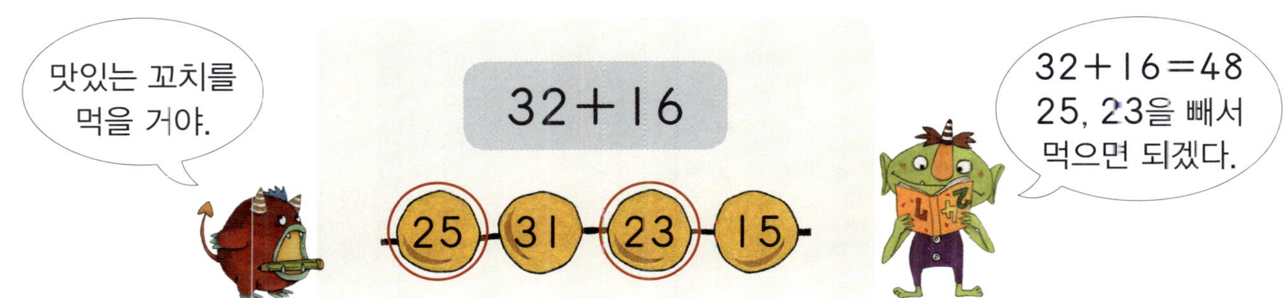

❶ 12+57

❷ 25+63

❸ 70+13

❹ 64+32

❺ 46+31

❻ 51+42

공부한 날
월
일

🌲 그림을 보고 ☐ 안에 알맞은 수를 쓰세요.

❶ 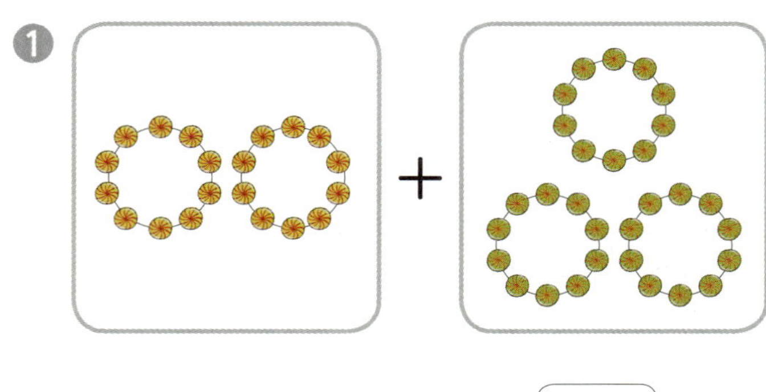

$$20 + 30 = \boxed{}$$

❷ 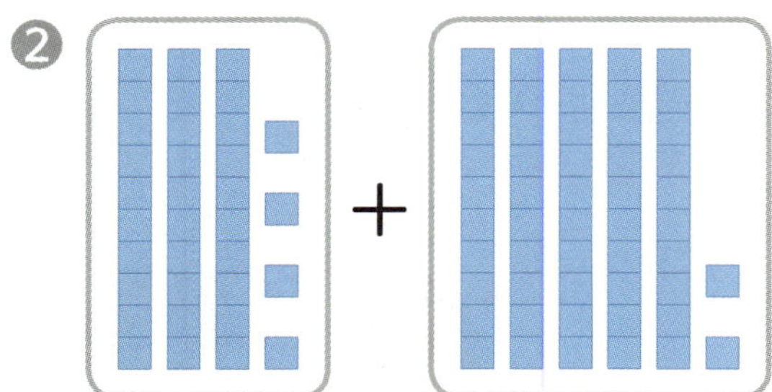

$$34 + 52 = \boxed{}$$

🌲 계산을 하세요.

❸ $38 + 40 = \boxed{}$

❹ $76 + 21 = \boxed{}$

🌲 가로셈을 세로셈으로 바꾸고 계산하세요.

❺ 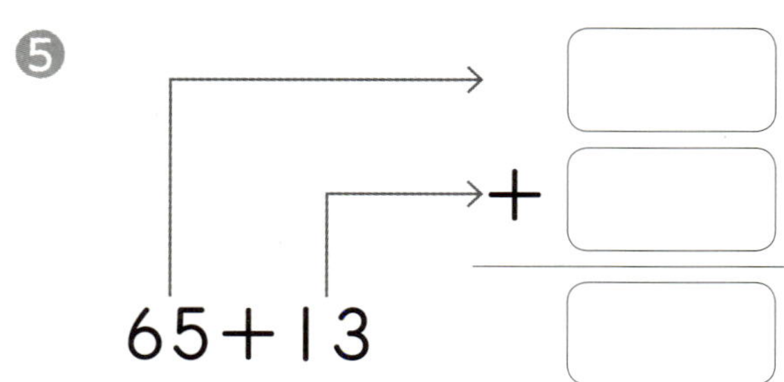

$$65 + 13$$

❻ 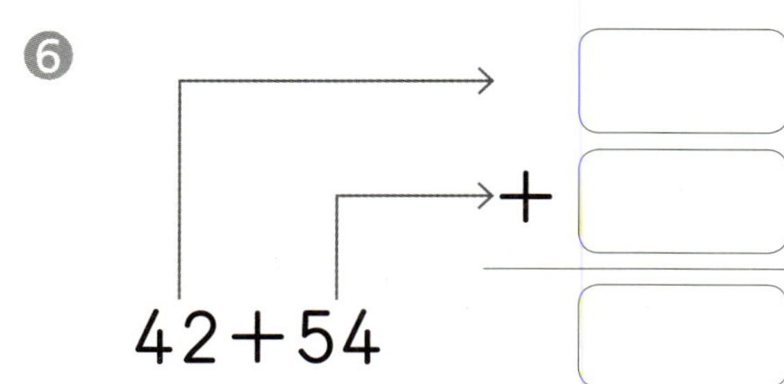

$$42 + 54$$

🌱 계산을 하세요.

❼
```
    2 6
+   4 1
─────────
  [    ]
```

❽
```
    3 5
+   4 3
─────────
  [    ]
```

❾
```
    8 2
+   1 3
─────────
  [    ]
```

🌱 주어진 수를 이용하여 덧셈식 2개를 만드세요.

❿
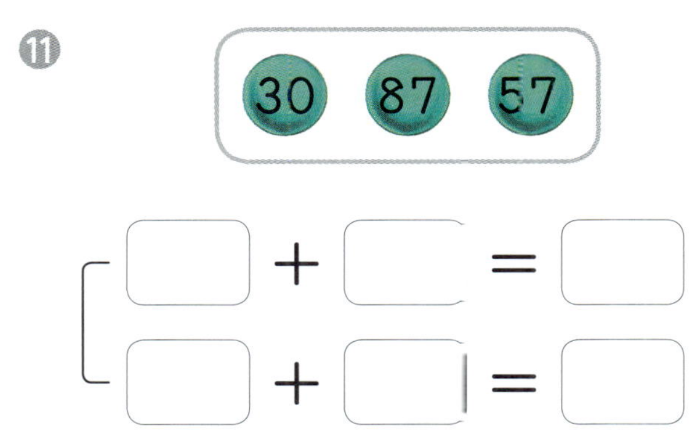

[ ] + [ ] = [ ]

[ ] + [ ] = [ ]

⓫

[ ] + [ ] = [ ]

[ ] + [ ] = [ ]

🌱 사다리 타기를 하여 □ 안에 알맞은 수를 쓰세요.

⓬
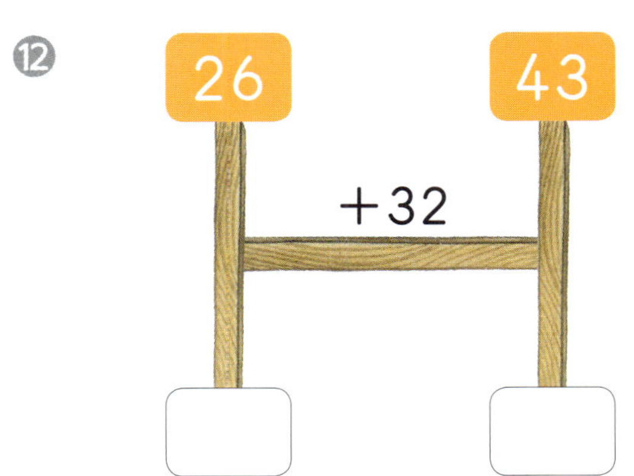

[ ]   [ ]

⓭
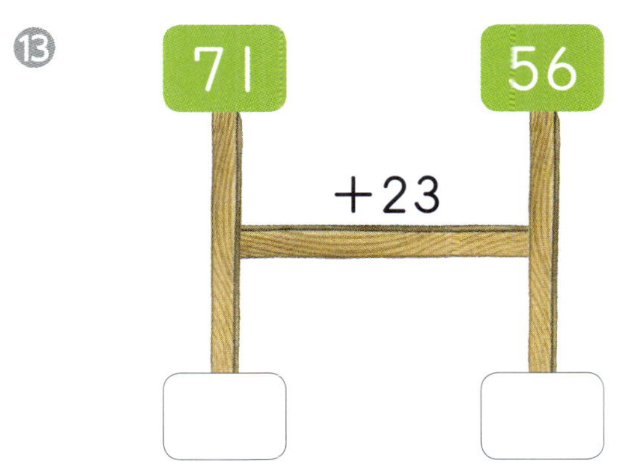

[ ]   [ ]

연산력 게임

QR코드를 찍으면 다양한 연산 게임을 할 수 있어요.

우리는 완두콩 가족

빈 곳에 들어갈 완두콩은 무엇일까요?

덧셈의 결과를 아래쪽에서 찾아 손가락으로 끌어서 넣으세요.

34를 넣으면 정답입니다.

두 수의 덧셈을 해 보세요.

덧셈을 하여 오른쪽의 숫자 버튼과 확인 버튼을 손가락으로 차례로 누르세요.

38을 누르면 정답입니다.

나는 덧셈왕

받아올림이 한 번 있는 두 자리 수의 덧셈

▶ 연산 보충 학습(104~105쪽)에서 더 풀어 보세요.

학부모 지도 가이드

'17+25'와 같이 일의 자리에서 받아올림이 있는 두 자리 수의 덧셈, '63+54'와 같이 십의 자리에서 받아올림이 있는 두 자리 수의 덧셈을 배우게 됩니다. 수 모형, 동전을 이용하여 계산 방법을 이해하고 가로셈, 세로셈으로 여러 가지 문제를 풀도록 합니다.

일의 자리에서 받아올림이 있는 덧셈

태돌이와 현우가 수 모형을 사용하여 덧셈을 하려고 해요.

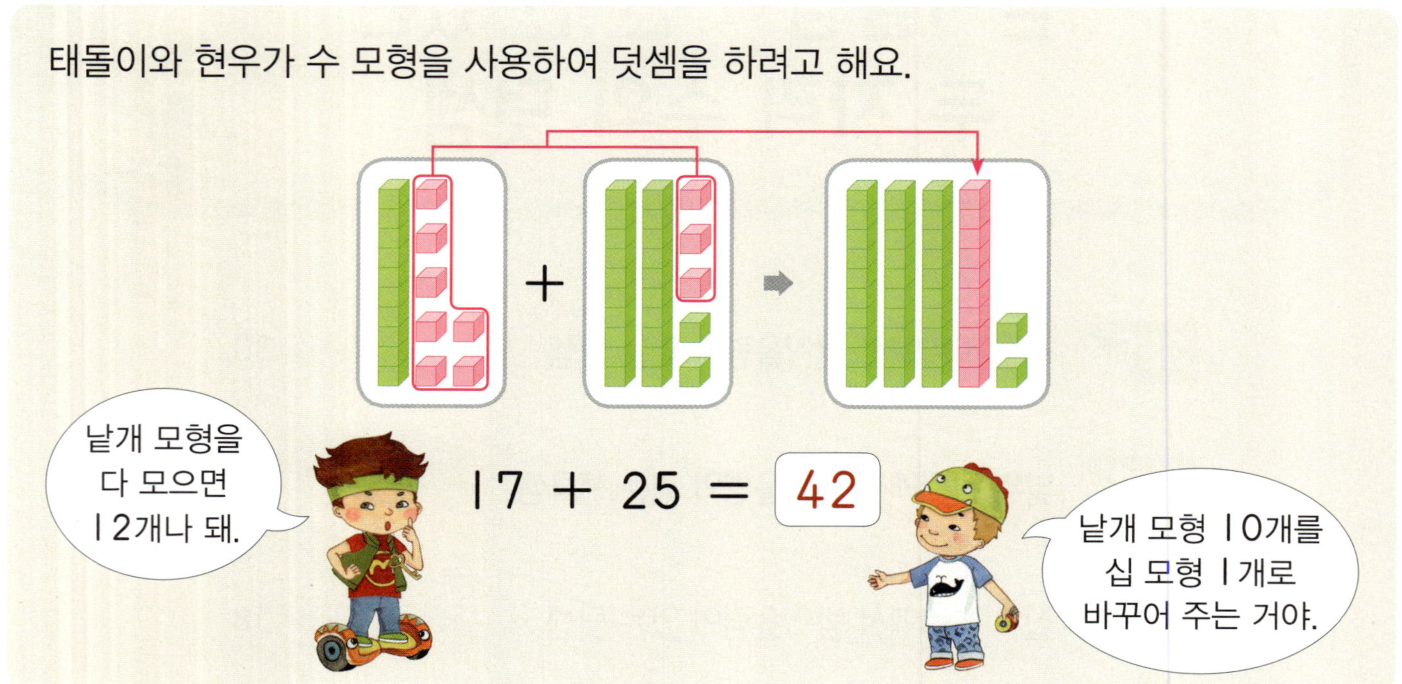

🌳 그림을 보고 ☐ 안에 알맞은 수를 쓰세요.

1

$18 + 16 = \boxed{}$

2

$29 + 11 = \boxed{}$

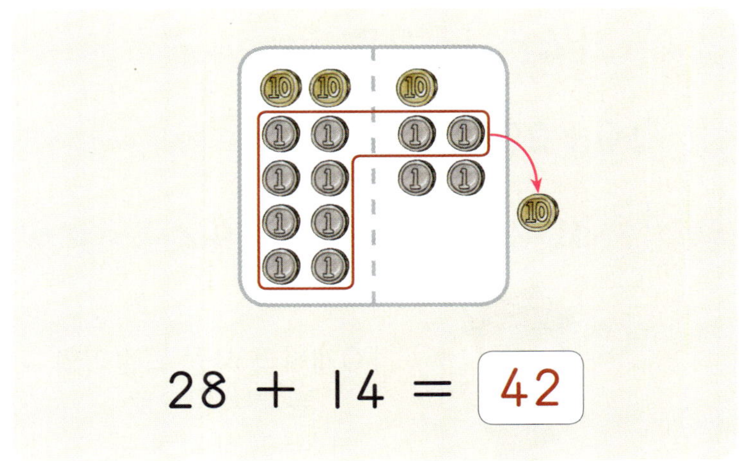

$$28 + 14 = \boxed{42}$$

❶
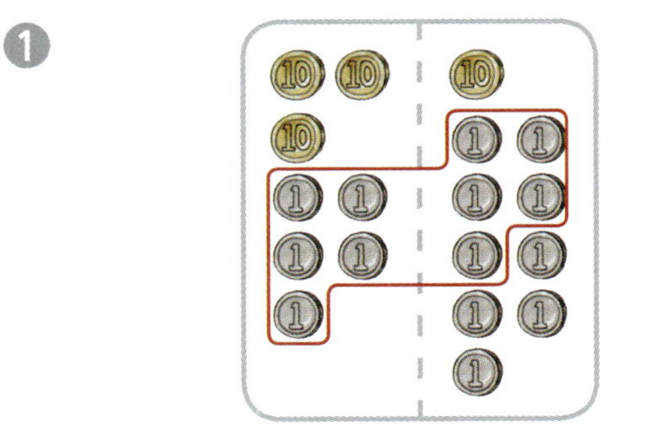

$$35 + 19 = \boxed{}$$

❷

$$44 + 27 = \boxed{}$$

❸

$$25 + 36 = \boxed{}$$

❹
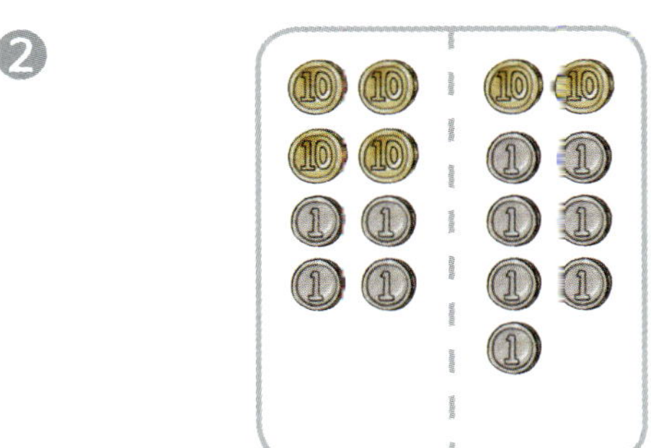

$$17 + 17 = \boxed{}$$

태돌이는 사탕의 수의 합을 구하고 있어요.

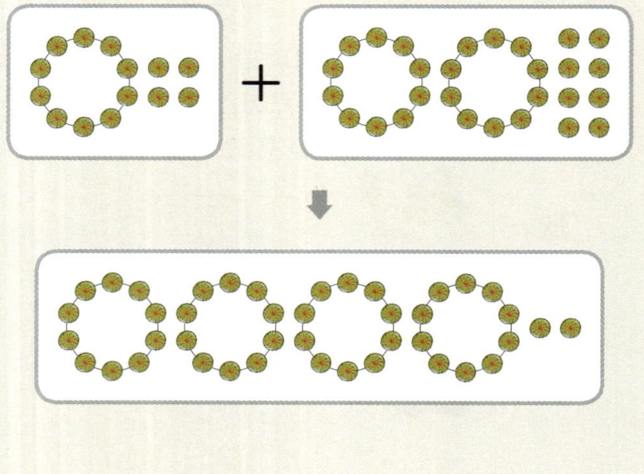

$$14 \ + \ 28 \ = \ 42$$
$$10+20+ \boxed{4} + \boxed{8}$$
$$\boxed{30} \ + \ 12 \ = \ 42$$

🌳 ☐ 안에 알맞은 수를 쓰세요.

❶ $26 \ + \ 69 \ = \ \boxed{}$
$$20+60+ \boxed{6} + \boxed{9}$$
$$\boxed{} \ + \ 15 \ = \ \boxed{}$$

❷ $15 \ + \ 56 \ = \ \boxed{}$
$$10+50+ \boxed{5} + \boxed{6}$$
$$\boxed{} \ + \ 11 \ = \ \boxed{}$$

❸ $35 \ + \ 37 \ = \ \boxed{}$
$$30+30+ \boxed{} + \boxed{}$$
$$\boxed{} \ + \ 12 \ = \ \boxed{}$$

❹ $32 \ + \ 19 \ = \ \boxed{}$
$$30+10+ \boxed{} + \boxed{}$$
$$\boxed{} \ + \ 11 \ = \ \boxed{}$$

$49 + 33 = \boxed{82}$

$9+3=12$

❶ $28 + 47 = \boxed{}$

$8+7=15$

❷ $17 + 75 = \boxed{}$

$7+5=12$

❸ $35 + 59 = \boxed{}$

❹ $54 + 18 = \boxed{}$

❺ $62 + 28 = \boxed{}$

❻ $36 + 56 = \boxed{}$

❼ $14 + 28 = \boxed{}$

❽ $48 + 39 = \boxed{}$

❾ $27 + 56 = \boxed{}$

❿ $15 + 46 = \boxed{}$

공부한 날

월

일

일의 자리에서 받아올림이 있는 세로셈

🌳 그림을 보고 ☐ 안에 알맞은 수를 쓰세요.

①

	1
3	6
+ 4	9
	5

6+9

➡

	1
3	6
+ 4	9
	5

1+3+4

3	6
+ 4	9

②

2	7
+ 5	7

➡

2	7
+ 5	7

2	7
+ 5	7

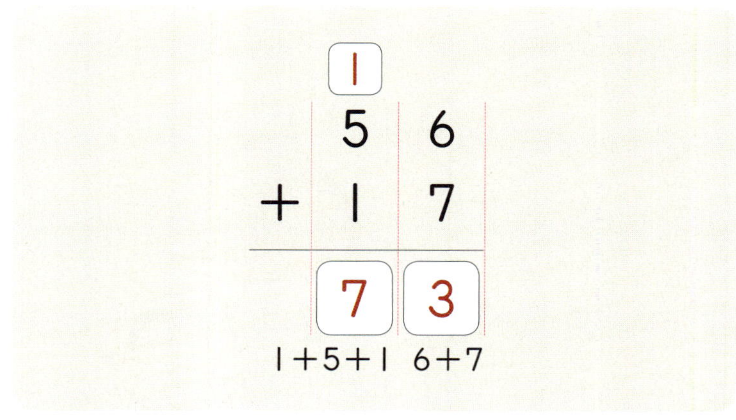

$$\begin{array}{r} \boxed{1} \\ 5\ 6 \\ +\ 1\ 7 \\ \hline \boxed{7}\ \boxed{3} \end{array}$$

1+5+1   6+7

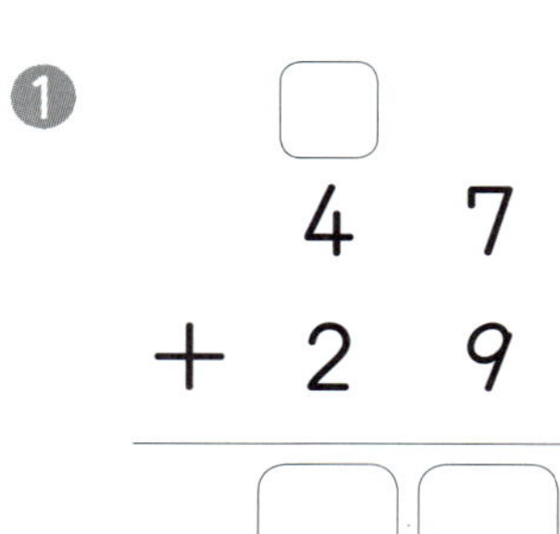

❶
$$\begin{array}{r} \Box \\ 4\ 7 \\ +\ 2\ 9 \\ \hline \Box\ \Box \end{array}$$

❷
$$\begin{array}{r} \Box \\ 1\ 8 \\ +\ 1\ 8 \\ \hline \Box\ \Box \end{array}$$

❸
$$\begin{array}{r} \Box \\ 3\ 9 \\ +\ 4\ 3 \\ \hline \Box\ \Box \end{array}$$

❹
$$\begin{array}{r} \Box \\ 6\ 4 \\ +\ 2\ 6 \\ \hline \Box\ \Box \end{array}$$

❺
$$\begin{array}{r} \Box \\ 5\ 6 \\ +\ 3\ 6 \\ \hline \Box\ \Box \end{array}$$

❻
$$\begin{array}{r} \Box \\ 2\ 5 \\ +\ 6\ 9 \\ \hline \Box\ \Box \end{array}$$

❼
$$\begin{array}{r} \Box \\ 1\ 7 \\ +\ 3\ 7 \\ \hline \Box\ \Box \end{array}$$

❽
$$\begin{array}{r} \Box \\ 3\ 5 \\ +\ 4\ 8 \\ \hline \Box\ \Box \end{array}$$

❾
$$\begin{array}{r} \Box \\ 1\ 4 \\ +\ 2\ 9 \\ \hline \Box\ \Box \end{array}$$

🌲 요정이 가리키고 있는 카드에 쓰인 계산을 하세요.

빈 곳에 알맞은 수를 쓰세요.

재미있는
수학 퍼즐이다~
가로와
세로 방향으로
덧셈을 해 봐.
56
17 + 38
55
26
17+38=55
82
56+26=82

❶

24
59 + 13
68
59+13
24+68

❷

49
36 + 34
25

❸

72
23 + 18
19

❹

66
44 + 29
17

공부한 날
월
일

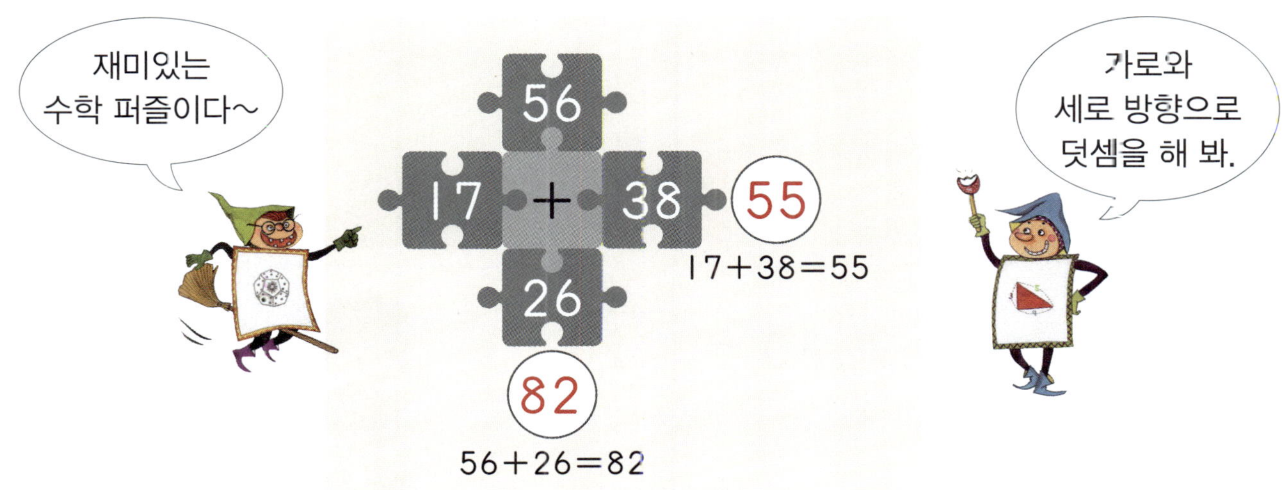

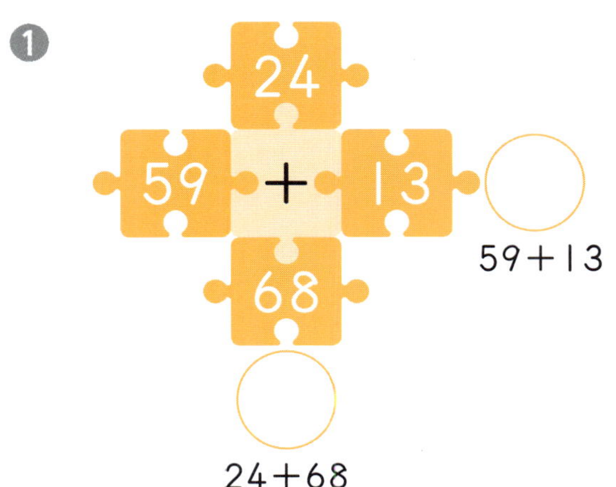

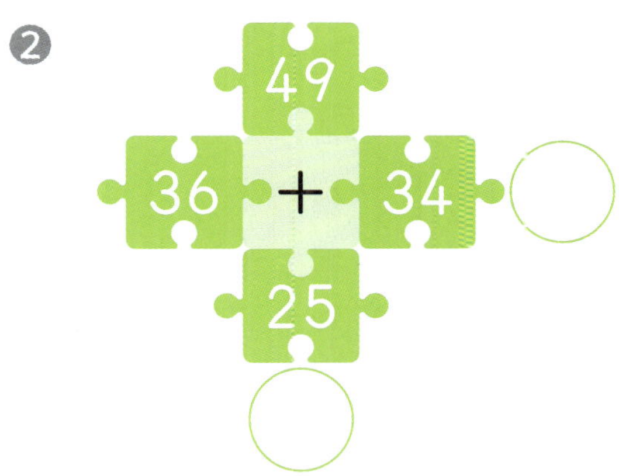

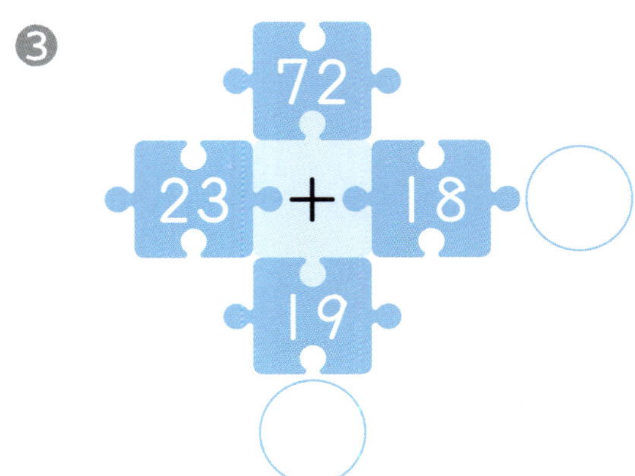

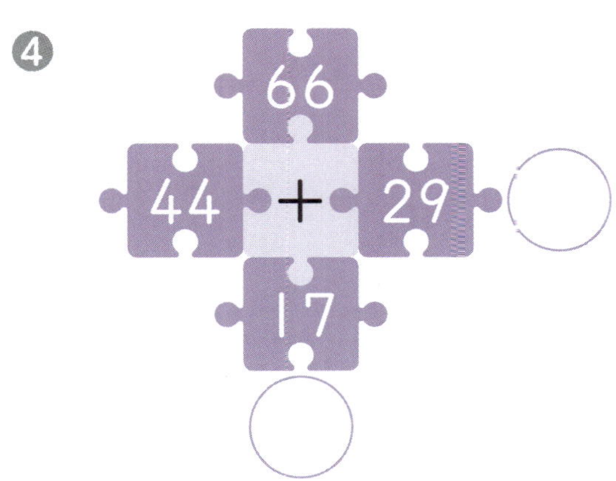

십의 자리에서 받아올림이 있는 덧셈

태돌이가 수 모형을 사용하여 덧셈을 했어요.

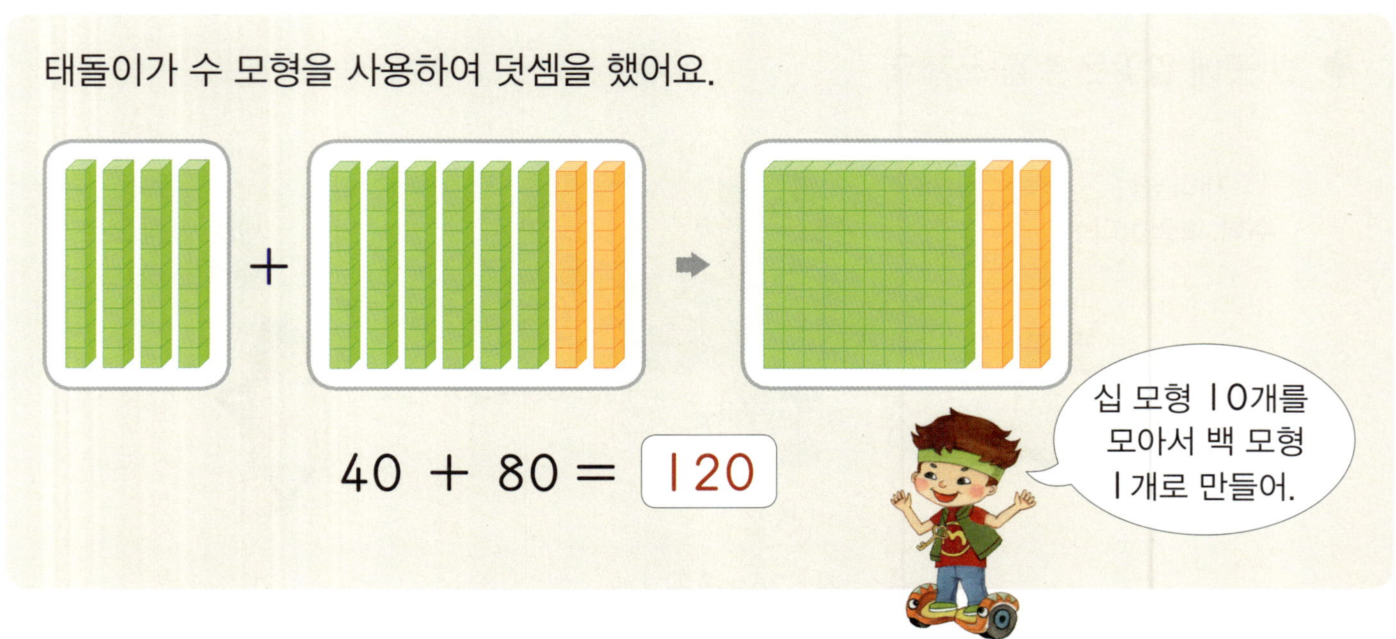

🌱 그림을 보고 ☐ 안에 알맞은 수를 쓰세요.

①

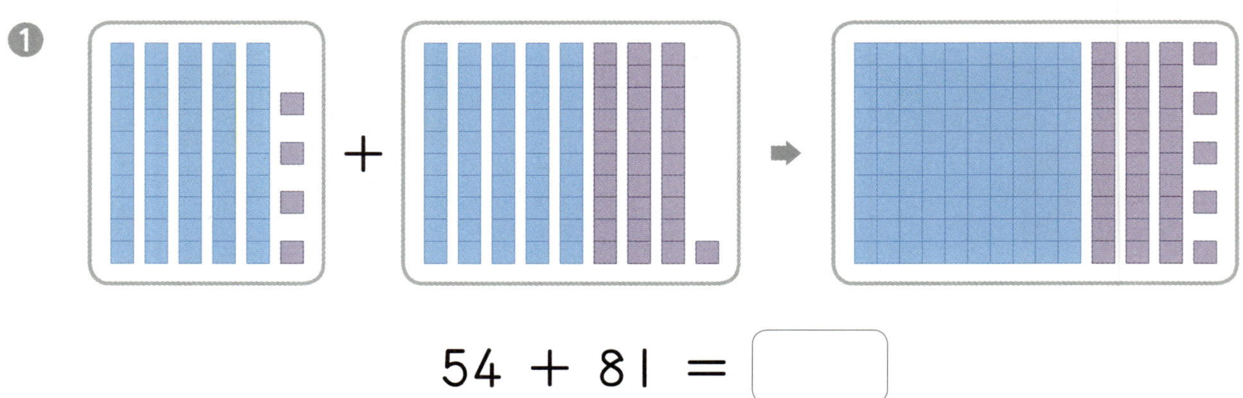

54 + 81 = ☐

②

48 + 70 = ☐

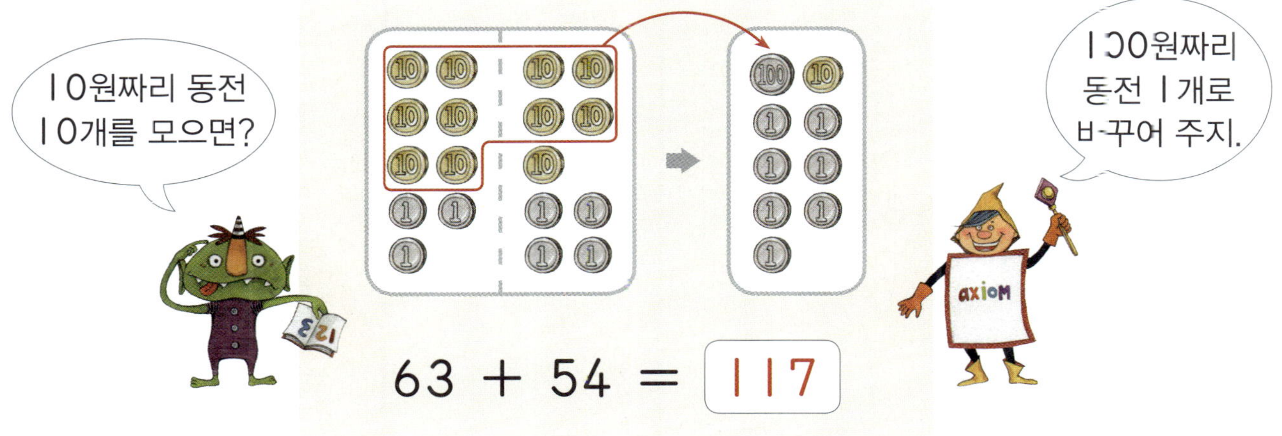

①

25 + 91 = ☐

②

46 + 73 = ☐

③

70 + 85 = ☐

④ 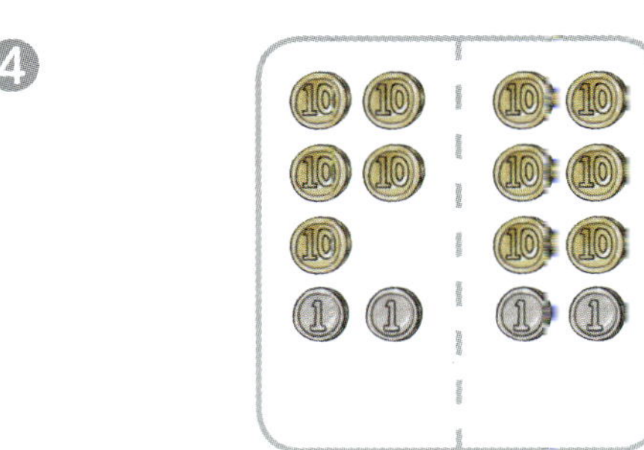

52 + 62 = ☐

우산에서 합이 가운데 수가 되는 두 수를 찾아 색칠하세요.

$$85 + 72 = \boxed{157}$$

8+7=15

❶ $64 + 41 = \boxed{}$

6+4=10

❷ $52 + 93 = \boxed{}$

5+9=14

❸ $73 + 62 = \boxed{}$

❹ $87 + 40 = \boxed{}$

❺ $35 + 83 = \boxed{}$

❻ $94 + 71 = \boxed{}$

❼ $92 + 24 = \boxed{}$

❽ $66 + 81 = \boxed{}$

❾ $46 + 72 = \boxed{}$

❿ $53 + 54 = \boxed{}$

공부한 날

월

일

십의 자리에서 받아올림이 있는 세로셈

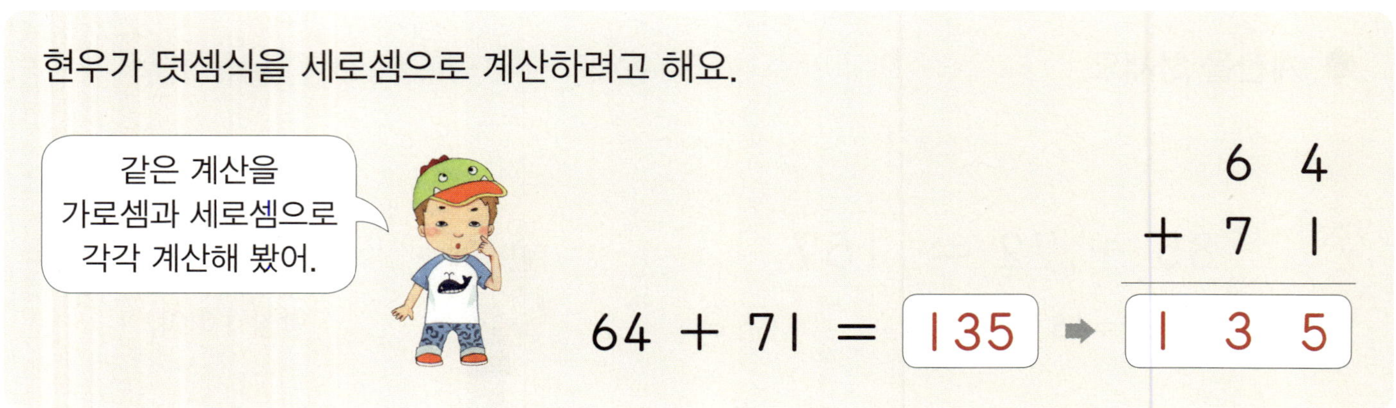

🌱 그림을 보고 ☐ 안에 알맞은 수를 쓰세요.

❶ 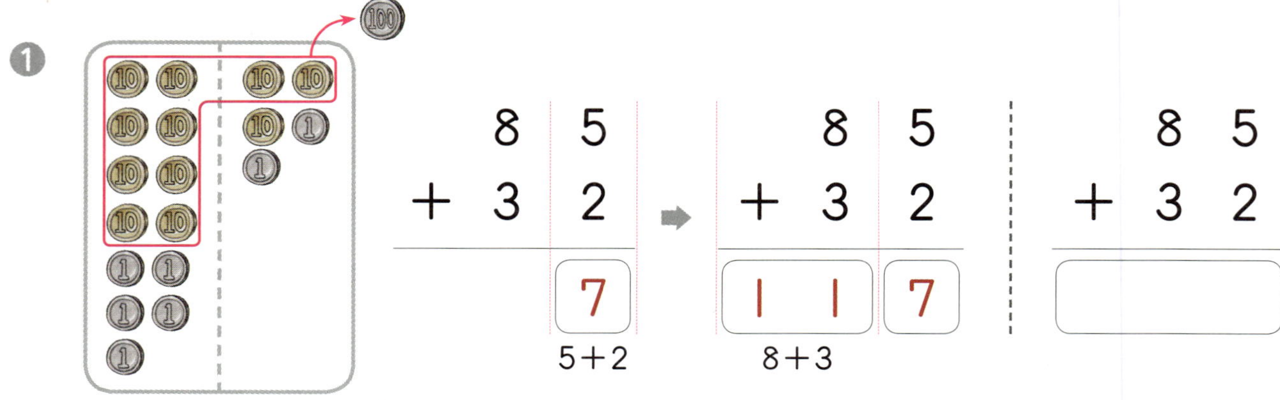

❷ 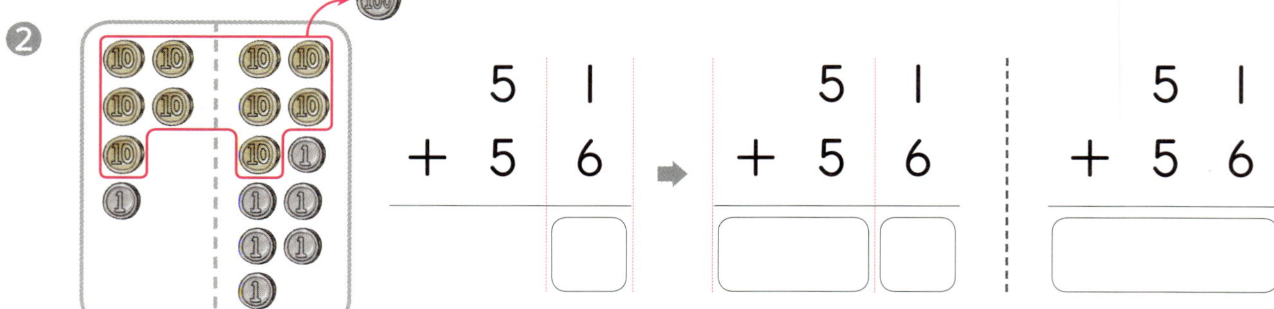

❸ 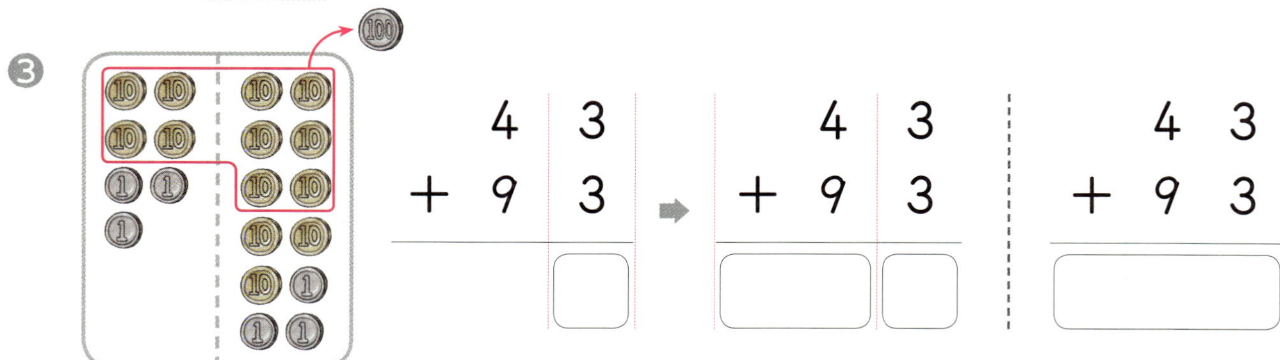

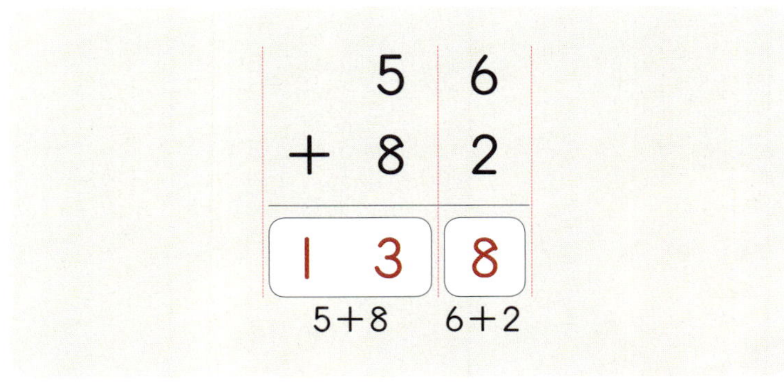

①
$$9\ 1$$
$$+\ 3\ 4$$

9+3   1+4

②
$$4\ 5$$
$$+\ 6\ 3$$

③
$$7\ 2$$
$$+\ 5\ 1$$

④
$$6\ 7$$
$$+\ 8\ 0$$

⑤
$$5\ 3$$
$$+\ 6\ 4$$

⑥
$$8\ 4$$
$$+\ 8\ 2$$

⑦
$$2\ 7$$
$$+\ 8\ 1$$

⑧
$$8\ 3$$
$$+\ 9\ 5$$

⑨
$$3\ 5$$
$$+\ 7\ 1$$

4 3
+ 7 3

6 3
+ 8 1

1 1
+ 9 2

6 5
+ 5 2

7 6
+ 7 2

8 3
+ 4 5

올바른 식이 되도록 선을 그으세요.

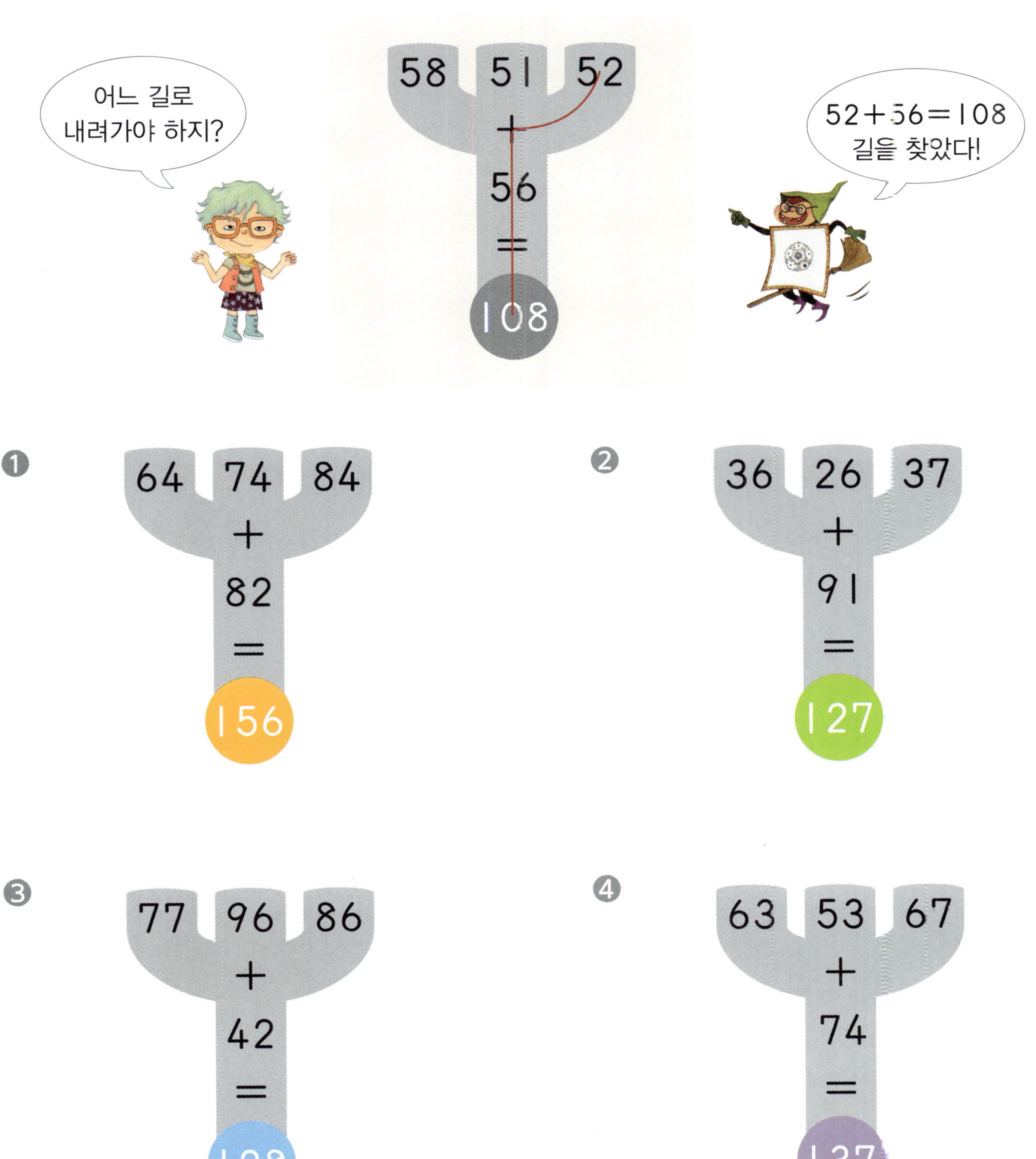

재미있는 덧셈 연습

🌳 빈 곳에 알맞은 수를 쓰세요.

①

②

③

④

🌳 계산 결과를 따라 선을 그어 강아지 집을 찾아보세요.

계산 결과를 찾아 선으로 이으세요.

27+18
71+43
114
36+25
45
61
48+45
14+95
109
93
53+72
125

안에 알맞은 수를 쓰세요.

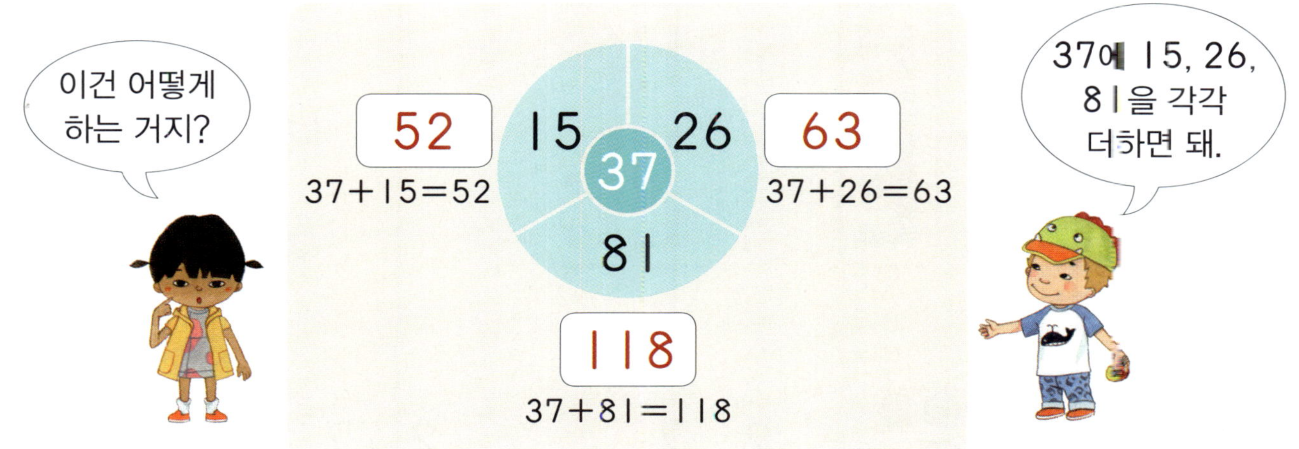

이건 어떻게 하는 거지?
52
15   26
37
81
63
118
37+15=52
37+26=63
37+81=118
37에 15, 26, 81을 각각 더하면 돼.

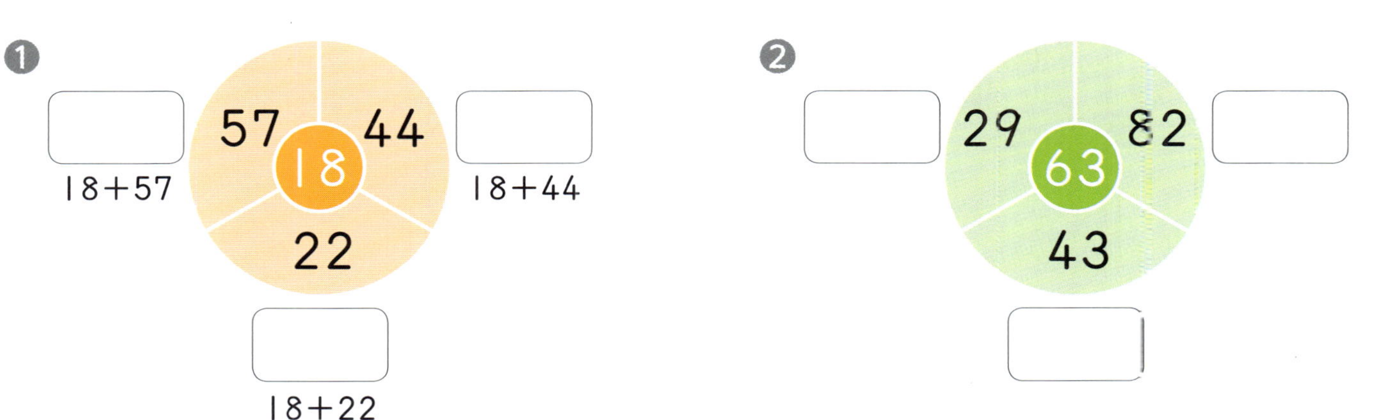

① 57 44
18
22
18+57
18+44
18+22
② 29 82
63
43

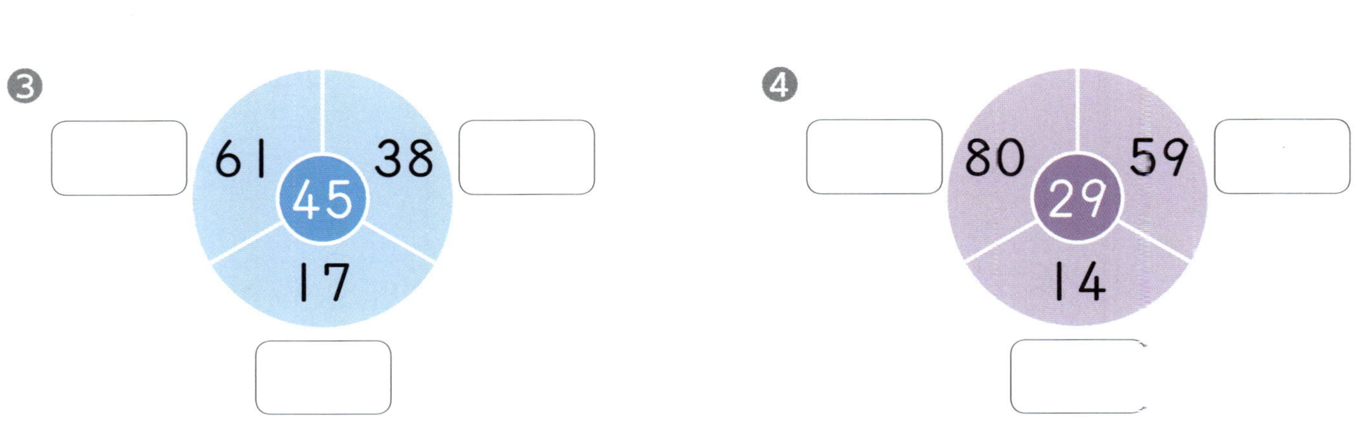

③ 61 38
45
17
④ 80 59
29
14

공부한 날
월
일
참 잘했어요

🌲 그림을 보고 ☐ 안에 알맞은 수를 쓰세요.

❶ 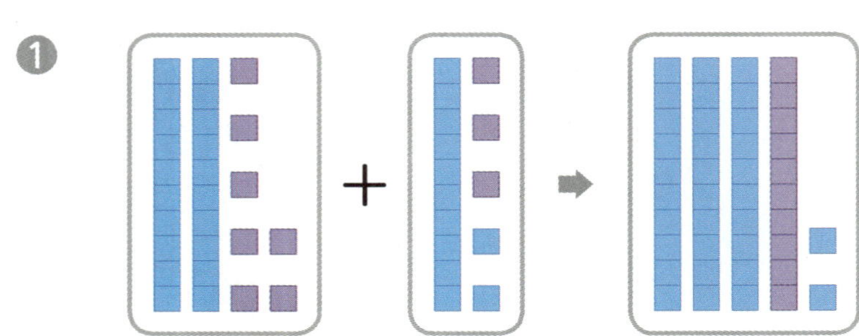

$27 + 15 = $ ☐

❷ 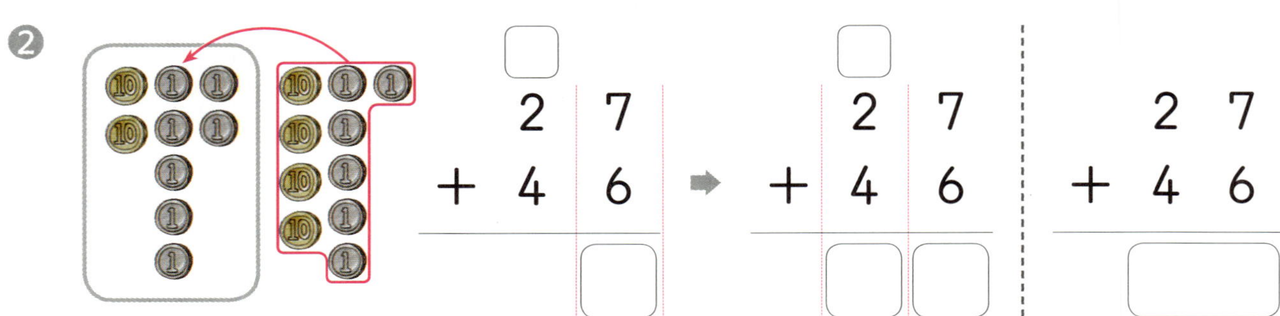

$$\begin{array}{r} 2\ 7 \\ +\ 4\ 6 \\ \hline \end{array} \Rightarrow \begin{array}{r} 2\ 7 \\ +\ 4\ 6 \\ \hline \end{array} \quad \begin{array}{r} 2\ 7 \\ +\ 4\ 6 \\ \hline \end{array}$$

🌲 ☐ 안에 알맞은 수를 쓰세요.

❸ $34 + 59 = $ ☐

❹ $54 + 16 = $ ☐

❺ $65 + 28 = $ ☐

❻ $38 + 56 = $ ☐

❼
$$\begin{array}{r} 1\ 9 \\ +\ 3\ 7 \\ \hline \end{array}$$

❽
$$\begin{array}{r} 3\ 2 \\ +\ 4\ 9 \\ \hline \end{array}$$

❾
$$\begin{array}{r} 1\ 5 \\ +\ 2\ 8 \\ \hline \end{array}$$

🔺 ⑩을 IO개 묶고 □ 안에 알맞은 수를 쓰세요.

⑩ 

⑪ 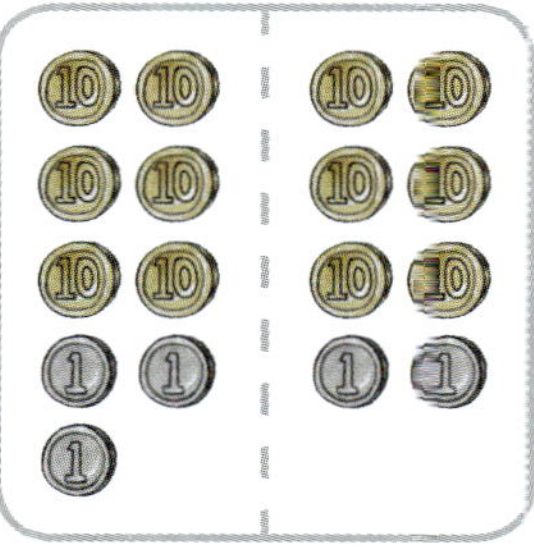

$$80 + 74 = \boxed{}$$

$$63 + 62 = \boxed{}$$

🔺 □ 안에 알맞은 수를 쓰세요.

⑫
$$\begin{array}{r} 3\ 8 \\ +\ 8\ 1 \\ \hline \end{array}$$

⑬
$$\begin{array}{r} 8\ 2 \\ +\ 9\ 5 \\ \hline \end{array}$$

⑭
$$\begin{array}{r} 4\ 5 \\ +\ 7\ 3 \\ \hline \end{array}$$

🔺 빈 곳에 알맞은 수를 쓰세요.

⑮ 

⑯ 

연산력 게임

연필은 모두 몇 자루일까요?

오른쪽에서 답을 찾아 손가락
으로 버튼을 누르세요.
41을 누르면 정답입니다.

**빈 곳에 들어갈 블록은 무엇일
까요?**

두 수의 합을 아래쪽에서 찾
아 손가락으로 끌어서 넣으
세요.
54를 넣으면 정답입니다.

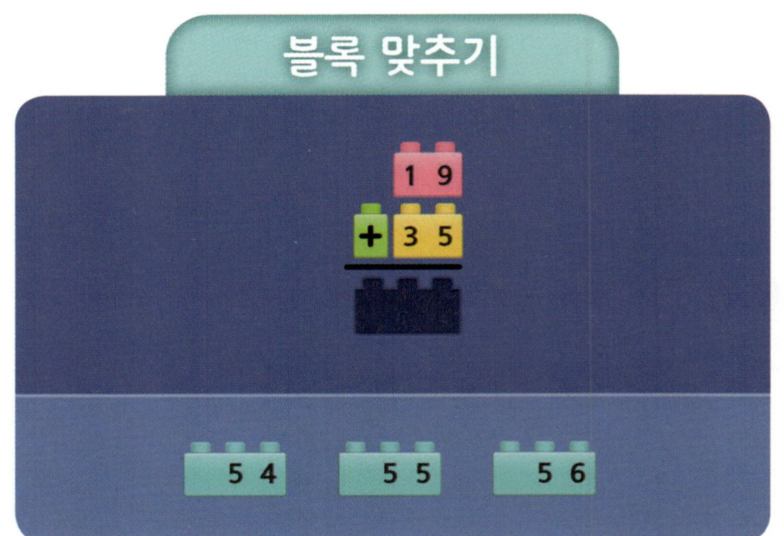

여러 가지 방법으로 덧셈하기

▶ 연산 보충 학습(106～107쪽)에서 더 풀어 보세요.

학부모 지도 가이드

여러 가지 방법으로 받아올림이 있는 두 자리 수의 덧셈을 배우게 됩니다. 몇십과 몇으로 나누어 더하기, 더하고 빼어 덧셈하기, 같은 수를 더하고 빼어 덧셈하기를 통해 받아올림이 있는 덧셈의 경우는 한 수를 몇십으로 만든 후 계산하면 편리함을 알게 됩니다.

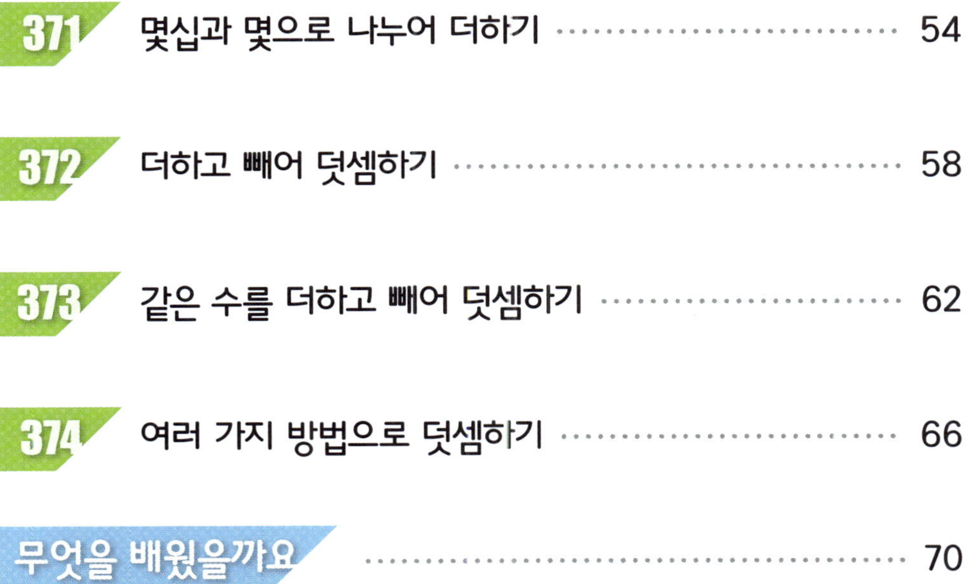

▲ 몇십과 몇으로 나누어 더하기

▲ 더하고 빼어 덧셈하기

▲ 같은 수를 더하고 빼어 덧셈하기

371 몇십과 몇으로 나누어 더하기

태돌이가 새로운 덧셈 방법을 찾았다고 해요.

먼저 더하는 수 38을 30과 8로 갈라.

53에 30을 더하면 53+30=83이고 그 결과에 8을 더해. 83+8=91

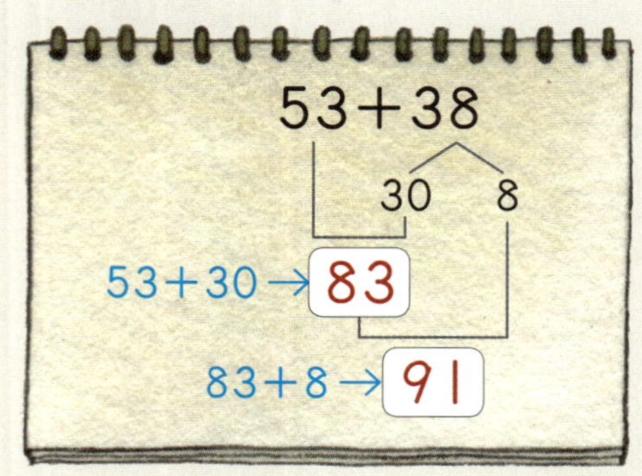

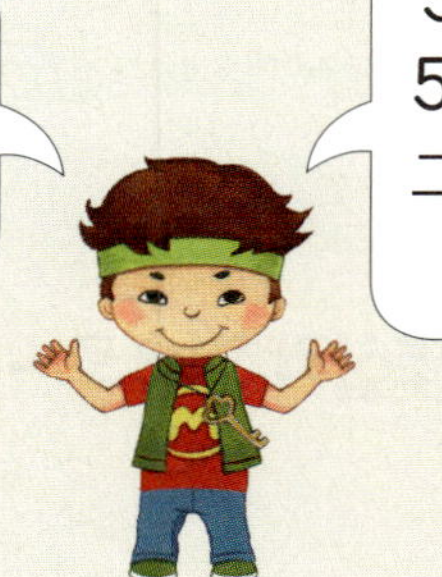

태돌이의 방법으로 덧셈을 하려고 해요. □ 안에 알맞은 수를 쓰세요.

❶ 25 + 37

30 7

25+30 → □

55+7 → □

❷ 44 + 49

40 9

44+40 → □

84+9 → □

❸ 16 + 66

60 6

16+60 → □

76+6 → □

❹ 14 + 28

20 8

14+20 → □

34+8 → □

● □ 안에 알맞은 수를 쓰세요.

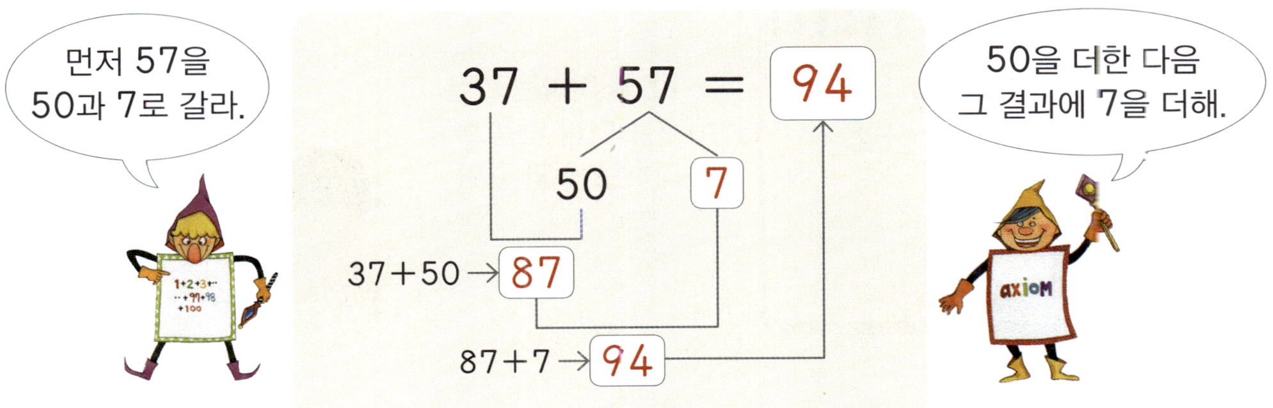

① 45 + 26 = ☐

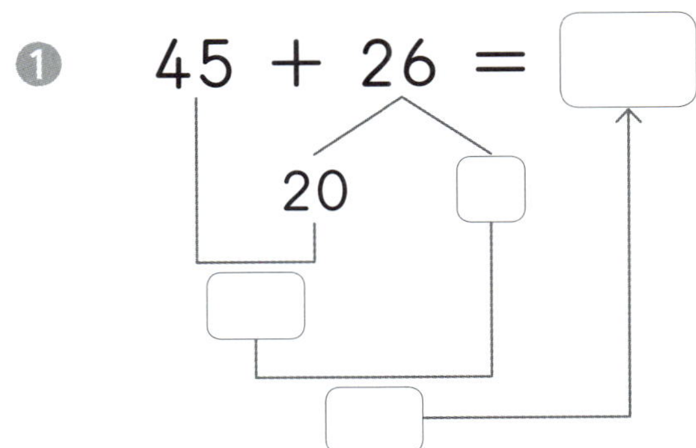

② 35 + 16 = ☐

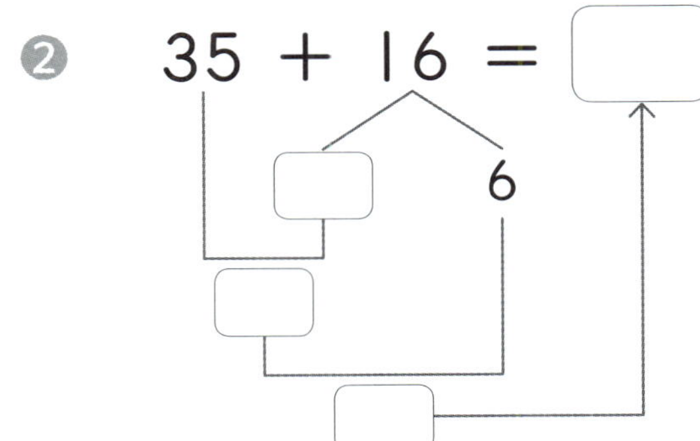

③ 19 + 57 = ☐

④ 28 + 34 = ☐

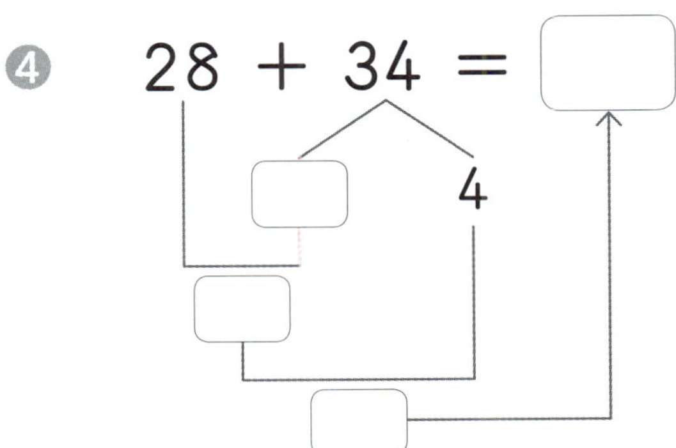

티나는 덧셈을 하고 식으로 나타냈어요.

🌳 □ 안에 알맞은 수를 쓰세요.

❶ 26 + 38

  = 26 + □ + 8   (+38은 +30+8과 같아요.)

  = □ + 8   (26+30을 먼저 계산해요.)

  = □   (위 계산 결과에 8을 더해요.)

❷ 49 + 17

  = 49 + 10 + □   (+17은 +10+7과 같아요.)

  = □ + 7   (49+10을 먼저 계산해요.)

  = □   (위 계산 결과에 7을 더해요.)

● □ 안에 알맞은 수를 쓰세요.

$$66 + 25$$
$$= 66 + \boxed{20} + 5$$
$$= \boxed{86} + 5$$
$$= \boxed{91}$$

❶
$$37 + 24$$
$$= 37 + \boxed{} + 4$$
$$= \boxed{} + 4$$
$$= \boxed{}$$

❷
$$48 + 35$$
$$= 48 + 30 + \boxed{}$$
$$= 78 + \boxed{}$$
$$= \boxed{}$$

❸
$$59 + 17$$
$$= 59 + \boxed{} + 7$$
$$= \boxed{} + 7$$
$$= \boxed{}$$

❹
$$25 + 67$$
$$= 25 + 60 + \boxed{}$$
$$= 85 + \boxed{}$$
$$= \boxed{}$$

더하고 빼어 덧셈하기

큐리가 새로운 덧셈 방법을 찾았다고 해요.

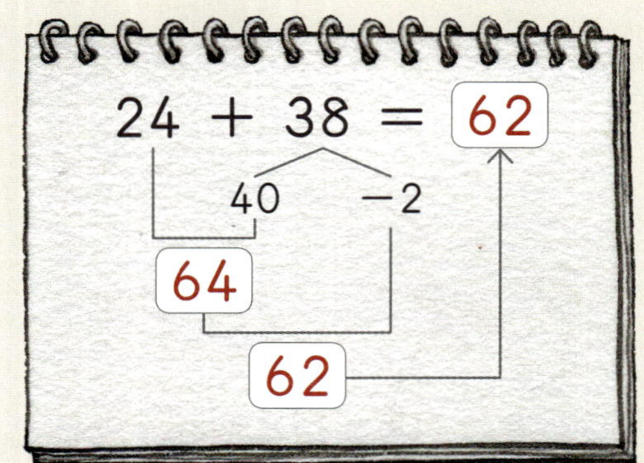

🌳 큐리의 방법으로 덧셈을 하려고 해요. ☐ 안에 알맞은 수를 쓰세요.

❶ 17 + 68 =

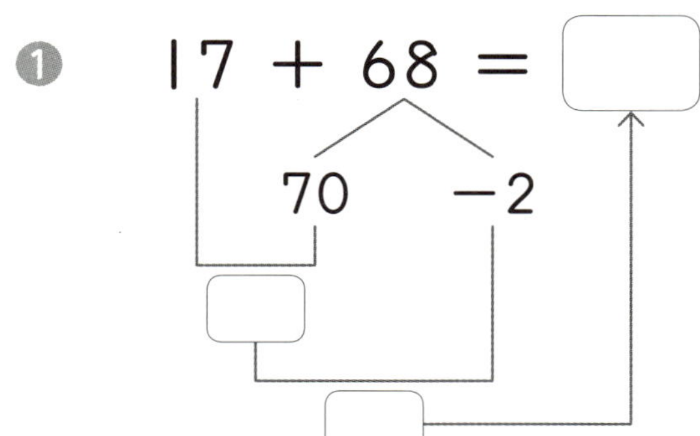

❷ 54 + 19 =

❸ 35 + 37 =

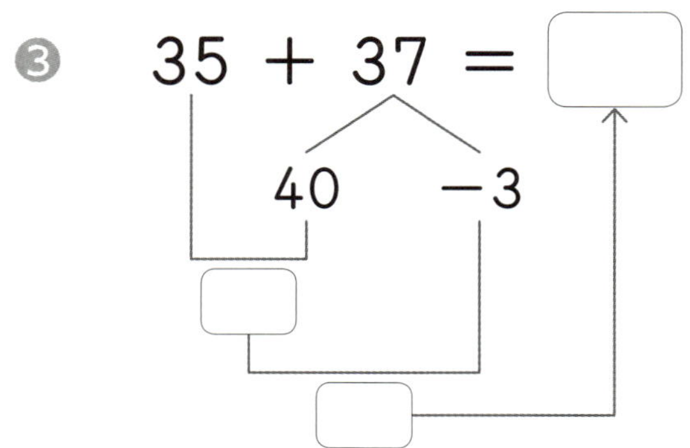

❹ 46 + 29 =

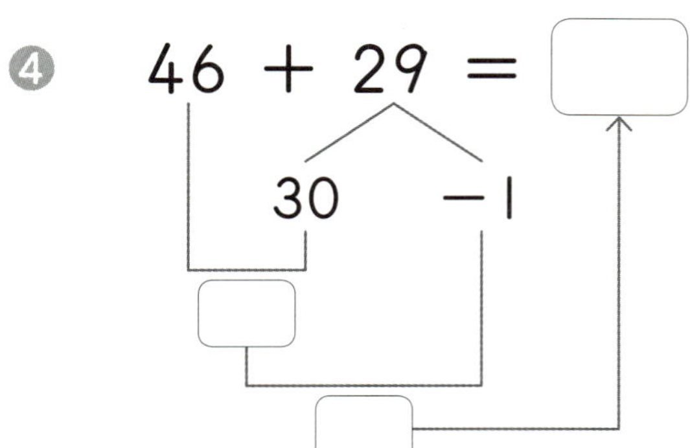

🌳 **더하고 빼어 덧셈을 하려고 해요. ☐ 안에 알맞은 수를 쓰세요.**

❶ $33 + 28 =$ ☐
　　30　−2

❷ $38 + 19 =$ ☐
　　20　−☐

❸ $19 + 47 =$ ☐
　　☐　−3

❹ $24 + 57 =$ ☐
　　60　−☐

❺ $56 + 38 =$ ☐
　　☐　−2

❻ $18 + 68 =$ ☐
　　70　−☐

현우는 덧셈을 하고 식으로 나타냈어요.

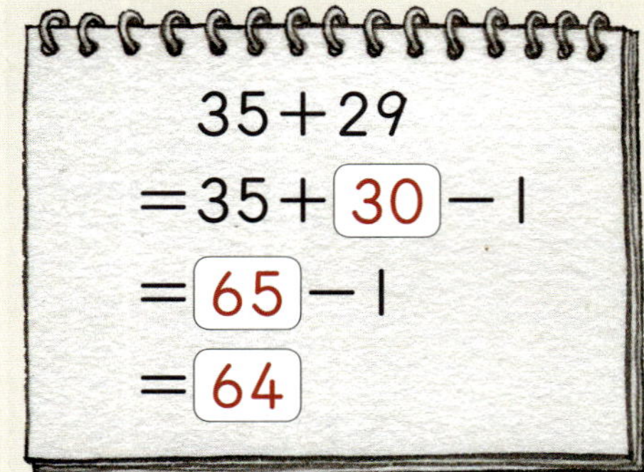

🌳 ☐ 안에 알맞은 수를 쓰세요.

❶   24 + 47

$= 24 + \boxed{} - 3$　(+47은 +50−3과 같아요.)

$= \boxed{} - 3$　(24+50을 먼저 계산해요.)

$= \boxed{}$　(위 계산 결과에서 3을 빼요.)

❷   56 + 18

$= 56 + \boxed{} - 2$　(+18은 +20−2와 같아요.)

$= \boxed{} - 2$　(56+20을 먼저 계산해요.)

$= \boxed{}$　(위 계산 결과에서 2를 빼요.)

□ 안에 알맞은 수를 쓰세요.

$$48 + 38$$
$$= 48 + \boxed{40} - 2$$
$$= \boxed{88} - 2$$
$$= \boxed{86}$$

①
$$26 + 29$$
$$= 26 + \boxed{} - 1$$
$$= \boxed{} - 1$$
$$= \boxed{}$$

②
$$18 + 57$$
$$= 18 + 60 - \boxed{}$$
$$= 78 - \boxed{}$$
$$= \boxed{}$$

③
$$45 + 28$$
$$= 45 + \boxed{} - 2$$
$$= \boxed{} - 2$$
$$= \boxed{}$$

④
$$54 + 19$$
$$= 54 + 20 - \boxed{}$$
$$= 74 - \boxed{}$$
$$= \boxed{}$$

같은 수를 더하고 빼어 덧셈하기

태돌이가 수 모형을 사용하여 덧셈을 했어요. ☐ 안에 알맞은 수를 쓰세요.

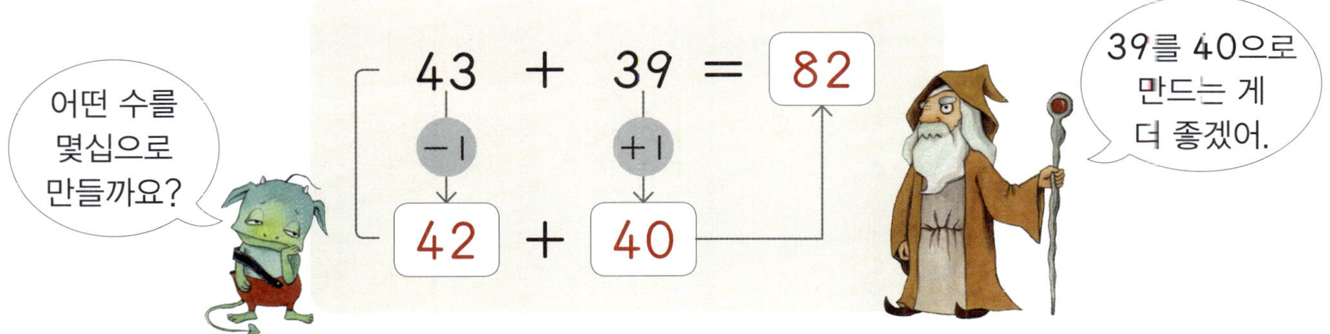

① 17 + 38 =
−2 +2
□ + □

② 28 + 54 =
+2 −2
□ + □

③ 31 + 19 =
−1 +1
□ + □

④ 15 + 29 =
−1 +1
□ + □

⑤ 24 + 48 =
−2 +2
□ + □

⑥ 59 + 33 =
+1 −1
□ + □

태돌이와 현우가 동물들의 집을 찾아 주려고 해요.

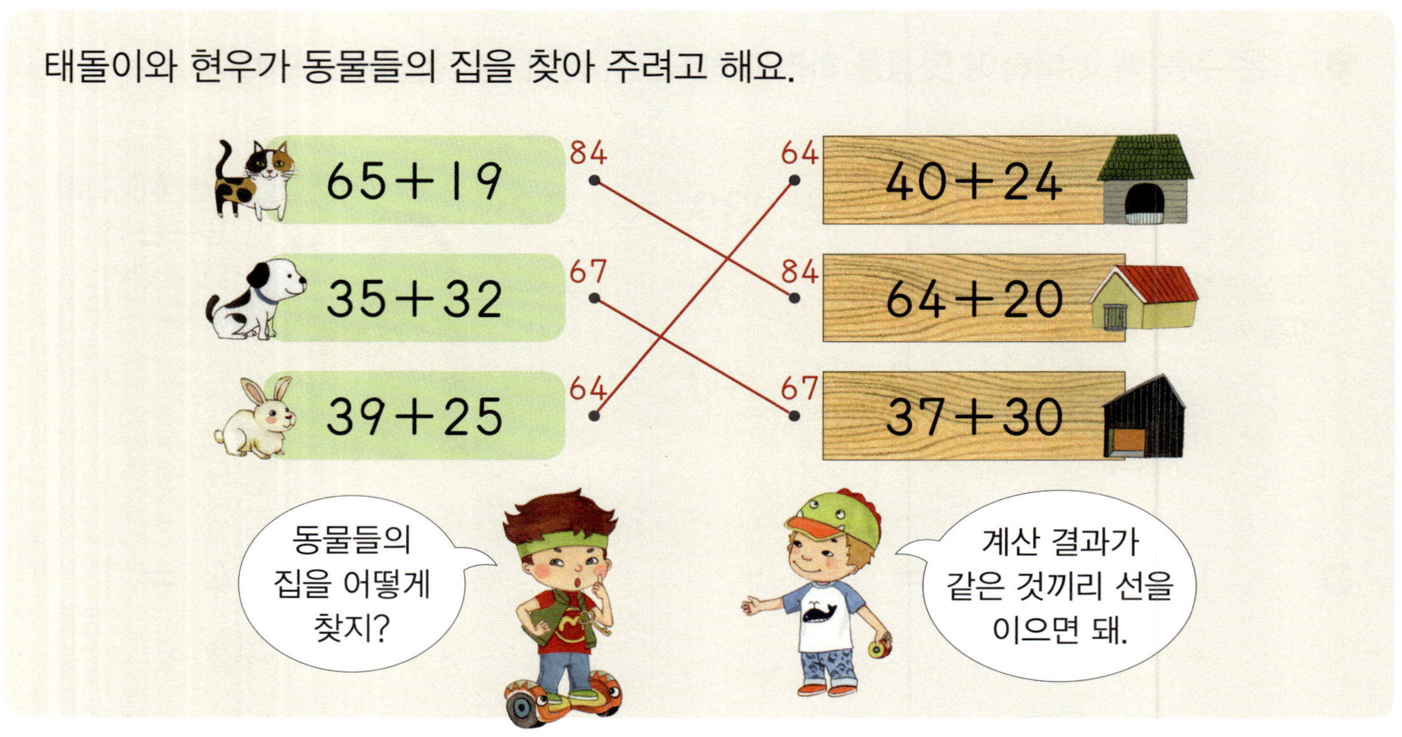

계산 결과가 같은 것끼리 선으로 이으세요.

❶ 

54+38	•	•	52+40
49+33	•	•	50+37
51+36	•	•	50+32

❷

23+69	•	•	20+86
18+75	•	•	22+70
22+84	•	•	20+73

🌳 □ 안에 알맞은 수를 쓰세요.

$$17 + 28$$
$$= \boxed{15} + 30$$
$$= \boxed{45}$$

① $29 + 62$
$= 30 + \boxed{}$
$= \boxed{}$

② $43 + 49$
$= \boxed{} + 50$
$= \boxed{}$

③ $38 + 44$
$= 40 + \boxed{}$
$= \boxed{}$

④ $13 + 38$
$= \boxed{} + 40$
$= \boxed{}$

⑤ $49 + 45$
$= 50 + \boxed{}$
$= \boxed{}$

⑥ $25 + 47$
$= \boxed{} + 50$
$= \boxed{}$

공부한 날

월

일

큐리와 티나가 덧셈 방법에 대해 이야기하고 있어요.

🌳 큐리가 설명한 방법으로 덧셈을 하려고 해요. ☐ 안에 알맞은 수를 쓰세요.

❶ 15 + 27 = ☐
22

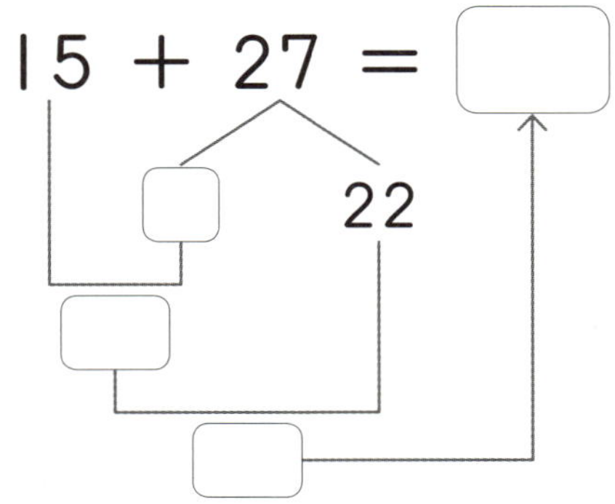

❷ 16 + 47 = ☐
43

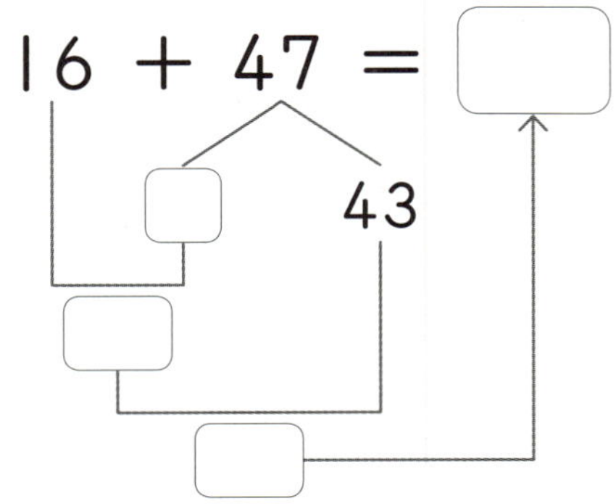

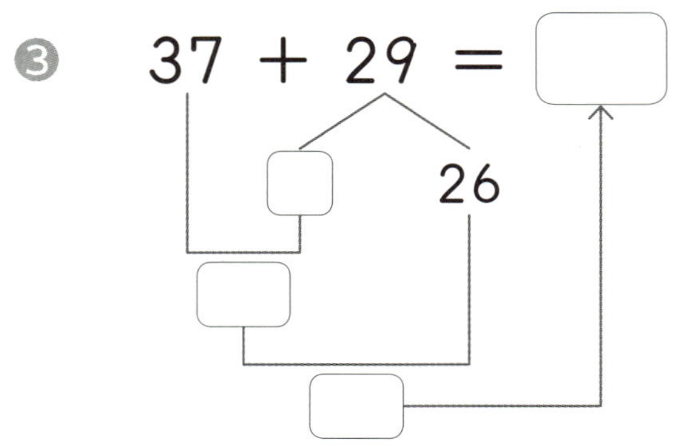

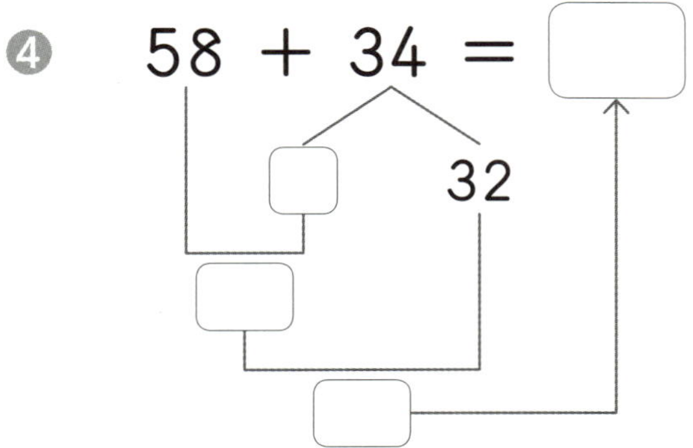

몇십을 만들어 덧셈을 하려고 해요. ☐ 안에 알맞은 수를 쓰세요.

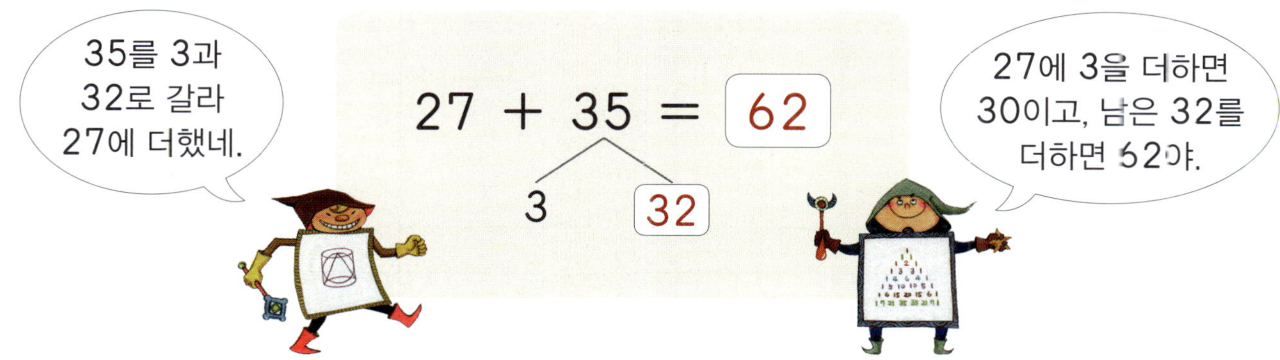

① 47 + 36 = ☐

3   ☐

② 55 + 18 = ☐

53   ☐

③ 39 + 25 = ☐

☐   24

④ 38 + 24 = ☐

☐   6

⑤ 17 + 56 = ☐

☐   53

⑥ 26 + 28 = ☐

24   ☐

친구들이 하나의 덧셈식을 여러 가지 방법으로 계산했어요.

🌳 28＋57을 여러 가지 방법으로 계산하려고 해요. ☐ 안에 알맞은 수를 쓰세요.

❶ 28 ＋ 57 = ☐
50 ☐

❷ 28 ＋ 57 = ☐
2 ☐

❸ 28 ＋ 57 = ☐
60 − ☐

❹ 28 ＋ 57 = ☐
+2   −2
☐ ＋ ☐

🌳 여러 가지 방법으로 덧셈을 하려고 해요. ☐ 안에 알맞은 수를 쓰세요.

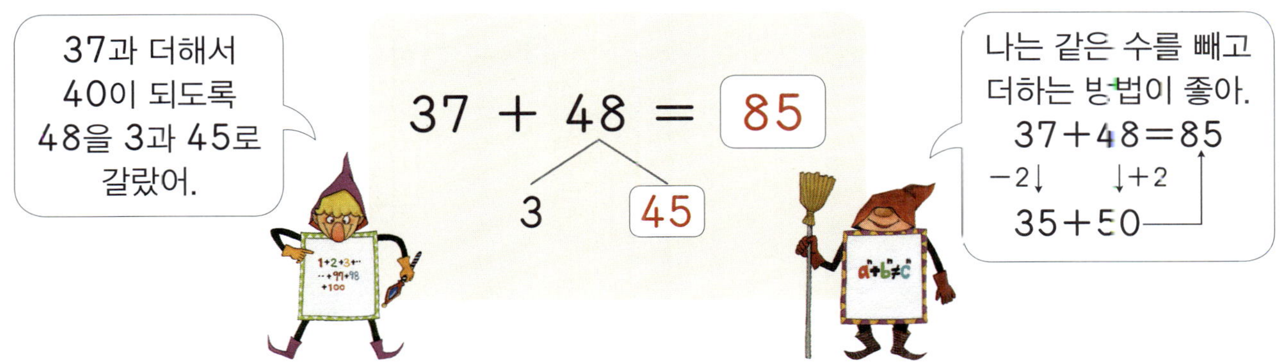

❶ $67 + 18 =$ ☐
        20   − ☐

❷ 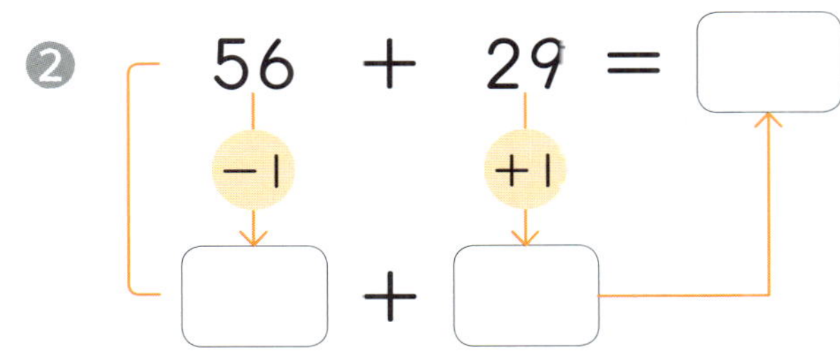

❸ $15 + 47 =$ ☐
        40   ☐

❹ $48 + 24 =$ ☐
        ☐   22

❺ $33 + 49 =$ ☐
        ☐   −1

❻ $47 + 45 =$ ☐
        3   ☐

무엇을 배웠을까요

❶ $35 + 27 = \boxed{}$

20

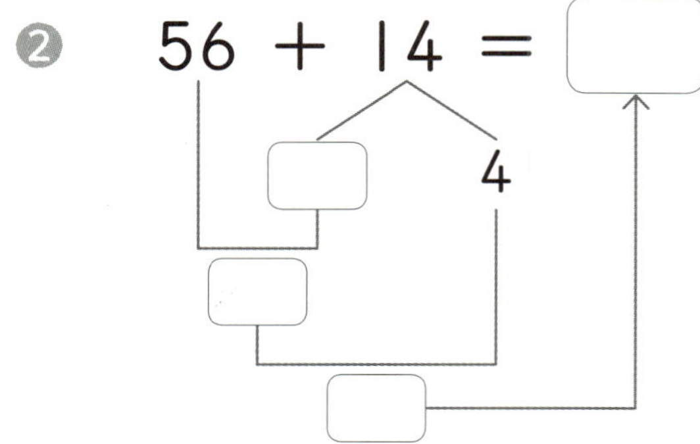

❷ $56 + 14 = \boxed{}$

4

❸ $49 + 17$
$= 49 + 10 + 7$
$= \boxed{} + 7 = \boxed{}$

❹ $25 + 68$
$= 25 + 60 + \boxed{}$
$= 85 + \boxed{} = \boxed{}$

🌲 더하고 빼어 덧셈을 하려고 해요. □ 안에 알맞은 수를 쓰세요.

❺ $36 + 48 = \boxed{}$

$\boxed{} \quad -2$

❻ $19 + 67 = \boxed{}$

$70 \quad - \boxed{}$

❼ $45 + 29$
$= 45 + 30 - 1$
$= \boxed{} - 1 = \boxed{}$

❽ $54 + 16$
$= 54 + 20 - 4$
$= 74 - \boxed{} = \boxed{}$

🔺 같은 수를 빼고 더하여 덧셈을 하려고 해요. ☐ 안에 알맞은 수를 쓰세요.

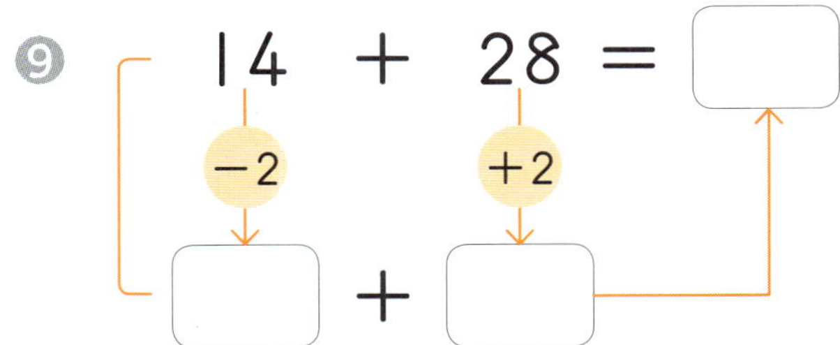

❾ $14 + 28 = \boxed{}$

$\boxed{} + \boxed{}$

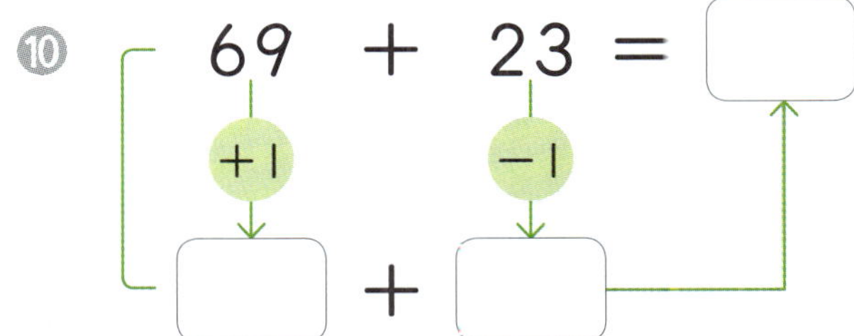

❿ $69 + 23 = \boxed{}$

$\boxed{} + \boxed{}$

🔺 몇십을 만들어 덧셈을 하려고 해요. ☐ 안에 알맞은 수를 쓰세요.

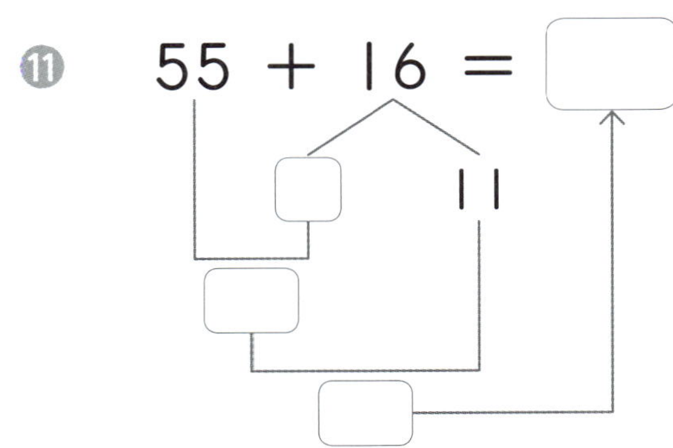

⓫ $55 + 16 = \boxed{}$

11

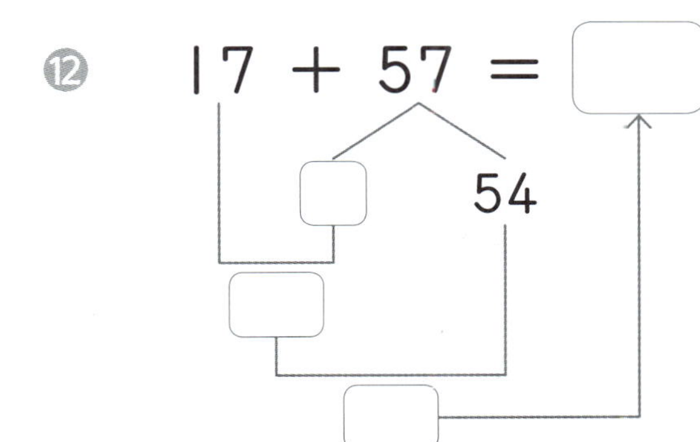

⓬ $17 + 57 = \boxed{}$

54

🔺 여러 가지 방법으로 덧셈을 하려고 해요. ☐ 안에 알맞은 수를 쓰세요.

⓭ $28 + 47 = \boxed{}$

$50 \quad - \boxed{}$

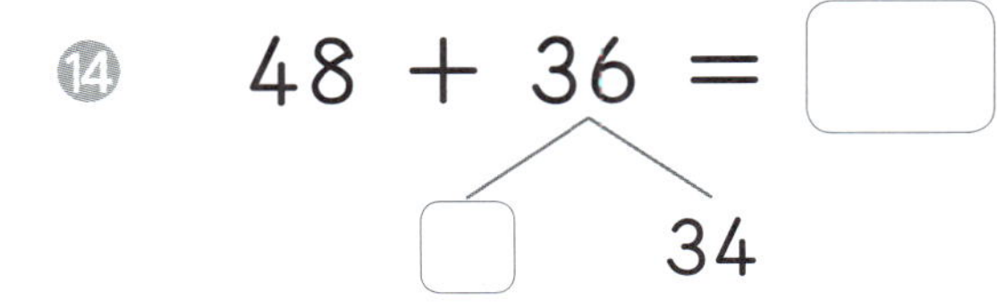

⓮ $48 + 36 = \boxed{}$

$\boxed{} \quad 34$

연산력 게임

QR코드를 찍으면 다양한 연산 게임을 할 수 있어요.

손잡이를 내려요

두 수의 덧셈을 해 보세요.

시작 버튼을 누르면 게임기가 돌아간 후 문제가 나와요. 아래쪽에 있는 답을 찾아 손가락으로 버튼을 누르세요. 71을 누르면 정답입니다.

덧셈식을 완성해 보세요.

물과 컵에 있는 수를 보고 자판기의 가운데 부분을 찾아 손가락으로 버튼을 누르세요. +66 버튼을 누르면 정답입니다.

신기한 덧셈 자판기

두 자리 수의 덧셈

▶ 연산 보충 학습(108쪽)에서 더 풀어 보세요.

학부모 지도 가이드

'**76+58**'과 같이 일의 자리, 십의 자리에서 받아올림이 **2**번 있는 두 자리 수의 덧셈을 배우게 됩니다. 일의 자리에서 받아올림한 수 **1**을 십의 자리에 작게 쓰고, 십의 자리에서 받아올림한 수 **1**을 백의 자리에 바로 쓰면서 계산 실수를 하지 않도록 연습합니다.

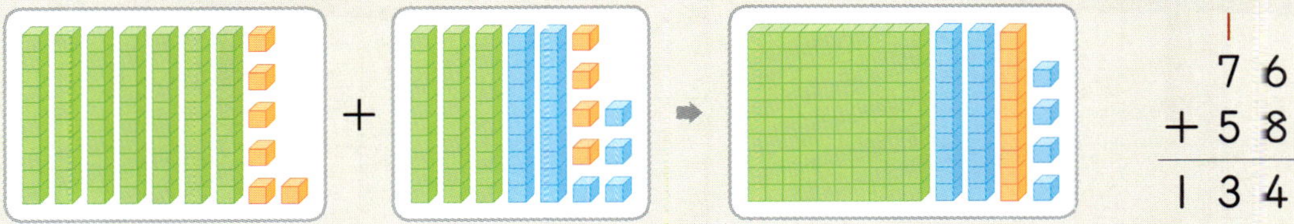

받아올림이 2번 있는 덧셈

🌳 각 자리 숫자의 합을 생각하여 받아올림이 있는 자리에 모두 ○표 하세요.

❶ 

❷ 

❸ 

❹ 

❺ 

❻ 

받아올림이 1번 있는 식에 ◯표, 2번 있는 식에 △표 하세요.

①

②

③

④

현우가 수 모형을 사용하여 계산을 했어요.

76 + 58 = 134

🌳 그림을 보고 ☐ 안에 알맞은 수를 쓰세요.

① 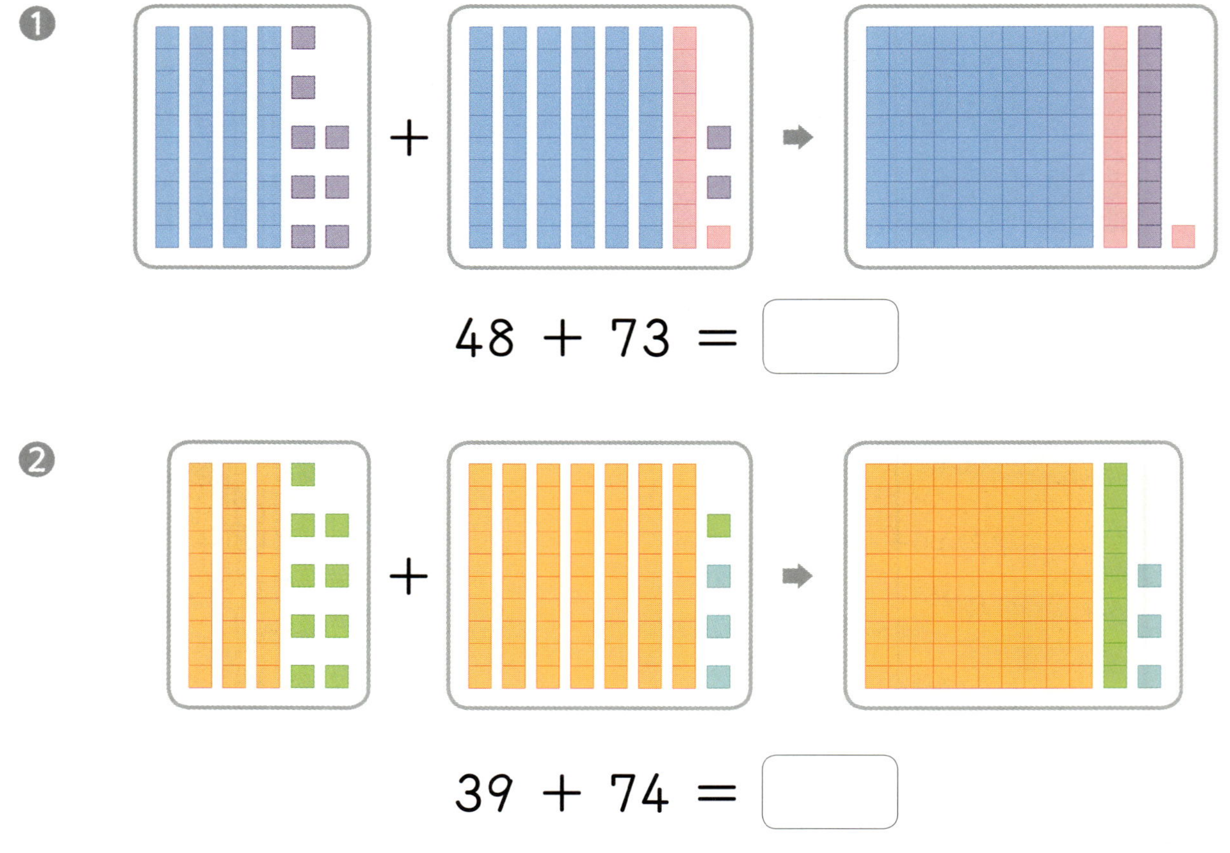

48 + 73 = ☐

②

39 + 74 = ☐

① , ⑩을 각각 10개씩 묶고 ☐ 안에 알맞은 수를 쓰세요.

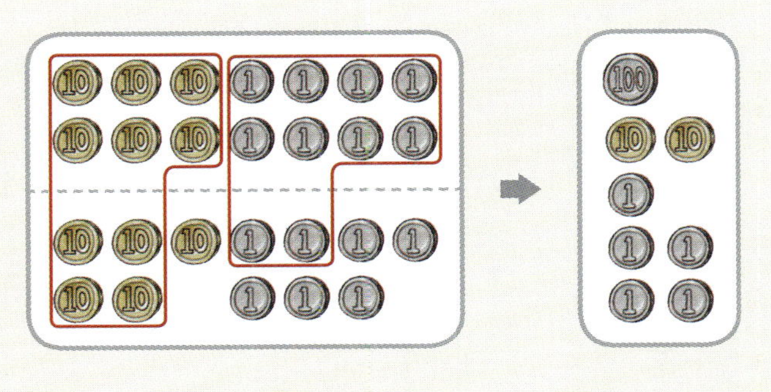

$$68 + 57 = \boxed{125}$$

❶

$$28 + 95 = \boxed{}$$

❷

$$75 + 86 = \boxed{}$$

❸
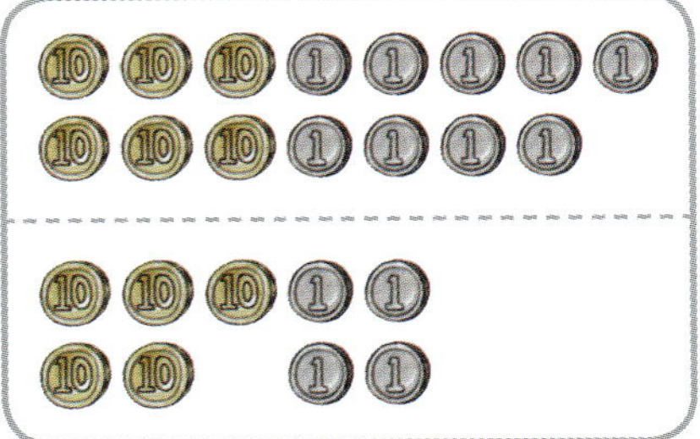

$$69 + 54 = \boxed{}$$

❹

$$84 + 56 = \boxed{}$$

받아올림이 2번 있는 세로셈

태돌이와 현우가 세로셈을 했어요.

🌳 ☐ 안에 알맞은 수를 쓰세요.

❶

$$
\begin{array}{r} 8\;6 \\ +\;5\;9 \\ \hline \end{array}
$$
6+9

$$
\begin{array}{r} 8\;6 \\ +\;5\;9 \\ \hline \end{array}
$$
1+8+5

$$
\begin{array}{r} 8\;6 \\ +\;5\;9 \\ \hline \end{array}
$$

❷

$$
\begin{array}{r} 9\;4 \\ +\;6\;8 \\ \hline \end{array}
$$

$$
\begin{array}{r} 9\;4 \\ +\;6\;8 \\ \hline \end{array}
$$

$$
\begin{array}{r} 9\;4 \\ +\;6\;8 \\ \hline \end{array}
$$

🌳 □ 안에 알맞은 수를 쓰세요.

$$\begin{array}{r} \boxed{1} \\ 3\ 6 \\ +\ 8\ 7 \\ \hline \boxed{1}\ \boxed{2}\ \boxed{3} \end{array}$$

❶
$$\begin{array}{r} \square \\ 4\ 8 \\ +\ 6\ 5 \\ \hline \end{array}$$

❷
$$\begin{array}{r} \square \\ 8\ 9 \\ +\ 4\ 6 \\ \hline \end{array}$$

❸
$$\begin{array}{r} \square \\ 7\ 4 \\ +\ 5\ 9 \\ \hline \end{array}$$

❹
$$\begin{array}{r} \square \\ 6\ 5 \\ +\ 5\ 6 \\ \hline \end{array}$$

❺
$$\begin{array}{r} \square \\ 5\ 4 \\ +\ 5\ 6 \\ \hline \end{array}$$

❻
$$\begin{array}{r} \square \\ 5\ 8 \\ +\ 6\ 3 \\ \hline \end{array}$$

❼
$$\begin{array}{r} \square \\ 9\ 6 \\ +\ 2\ 9 \\ \hline \end{array}$$

❽
$$\begin{array}{r} \square \\ 8\ 5 \\ +\ 7\ 9 \\ \hline \end{array}$$

❾
$$\begin{array}{r} \square \\ 4\ 3 \\ +\ 9\ 9 \\ \hline \end{array}$$

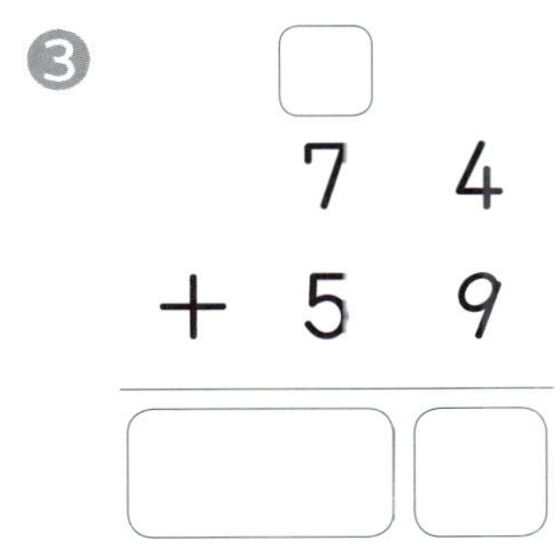
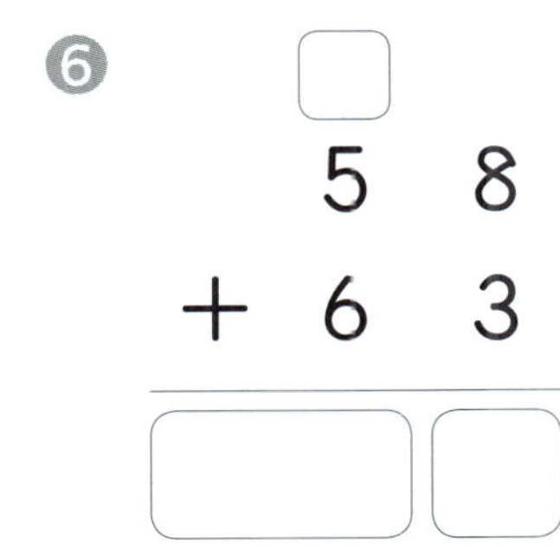
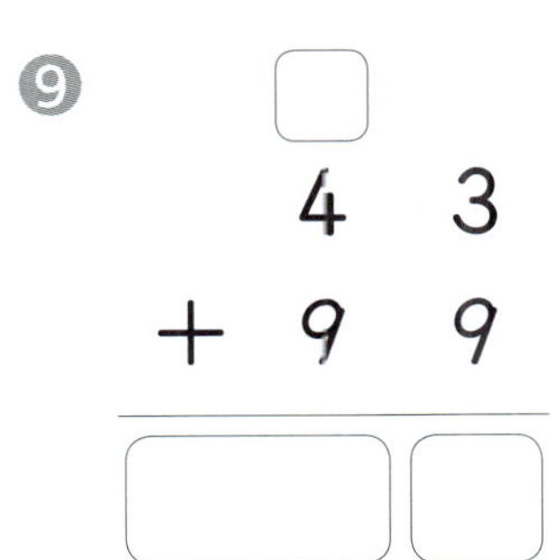

🌳 계산 결과가 같은 것끼리 선으로 이으세요.

빈 곳에 알맞은 수를 쓰세요.

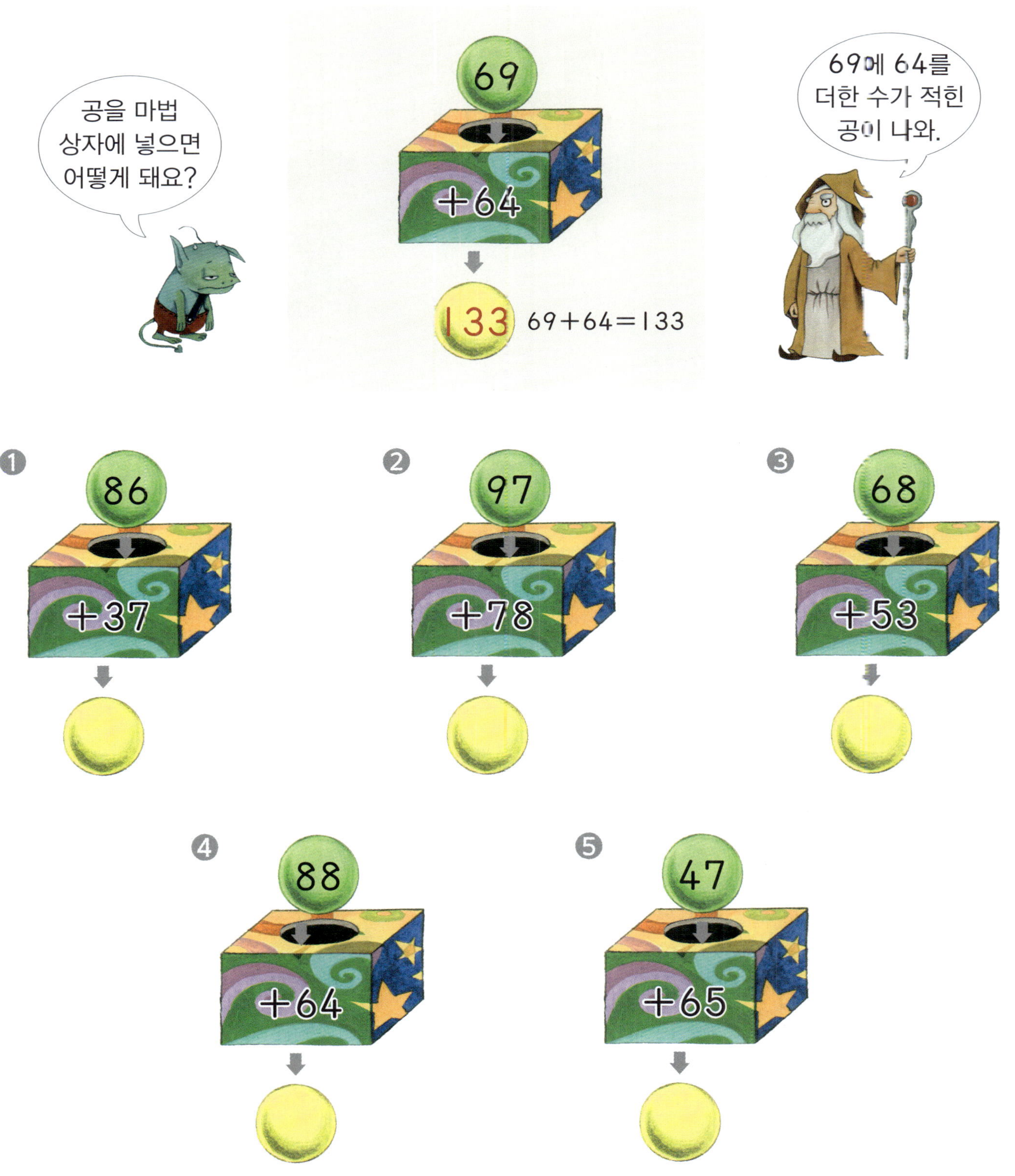
공을 마법 상자에 넣으면 어떻게 돼요?

69

+64

133   69+64=133

69에 64를 더한 수가 적힌 공이 나와.

① 86 +37

② 97 +78

③ 68 +53

④ 88 +64

⑤ 47 +65

공부한 날

월

일

벌레 먹은 셈

🌳 □ 안에 알맞은 수를 쓰세요.

❶
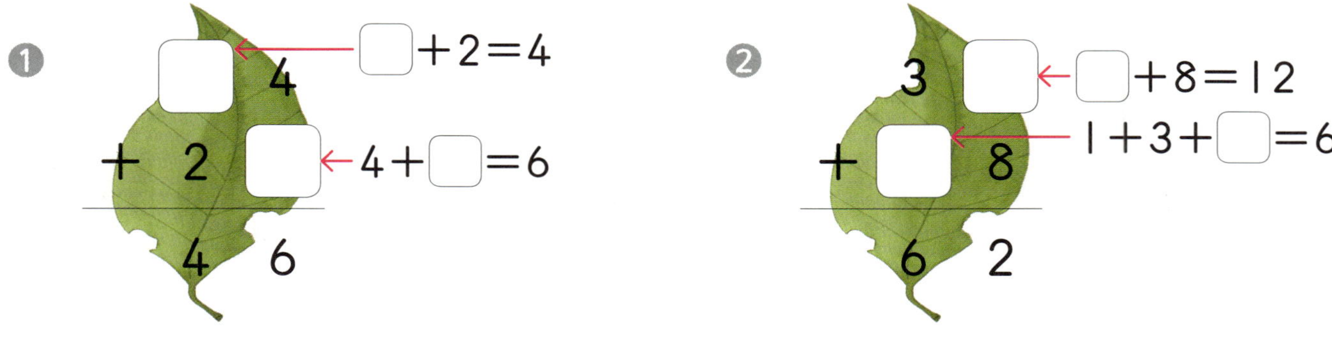

❷

❸
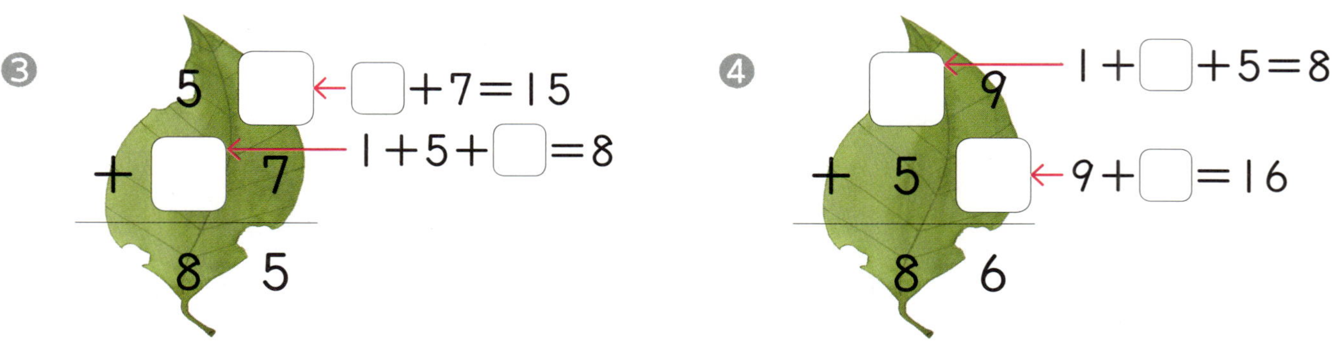

❹

❶
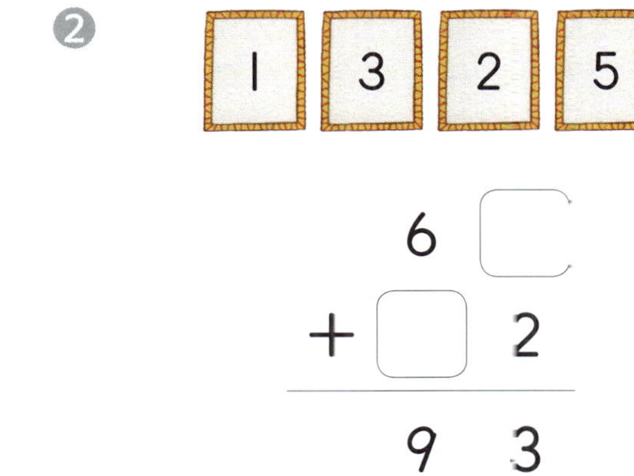

1 6 2 9

```
  □ 5
+ 7 □
  9 4
```

❷

1 3 2 5

```
  6 □
+ □ 2
  9 3
```

❸

2 4 3 6

```
  □ 7
+ 4 □
  7 1
```

❹
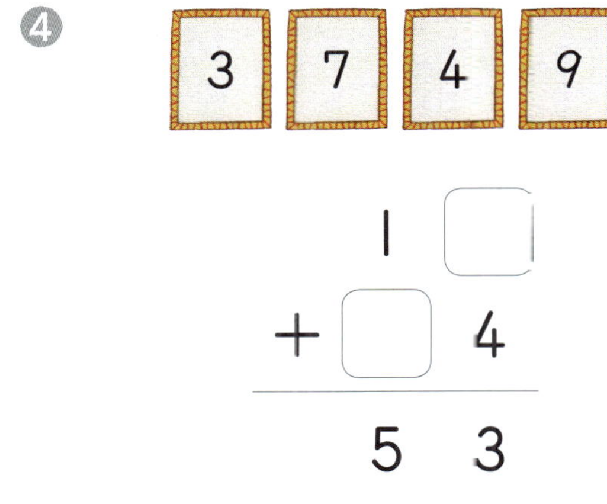

3 7 4 9

```
  1 □
+ □ 4
  5 3
```

티나는 옛 수학책에서 지워진 덧셈식을 발견했어요.

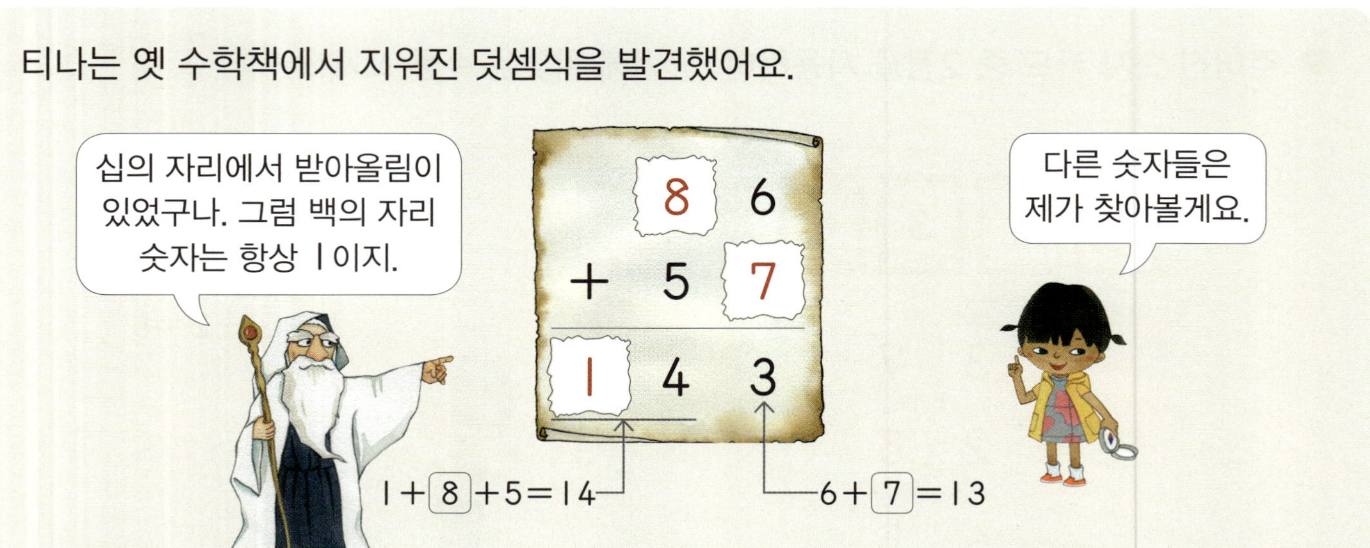

🌳 지워진 수를 찾아 ☐ 안에 알맞은 수를 쓰세요.

❶
3 ☐
+ ☐ 1
☐ 1 6

❷
5 ☐
+ ☐ 8
☐ 3 9

❸
☐ 5
+ 6 ☐
☐ 5 7

❹

☐ 9
+ 4 ☐
☐ 2 7

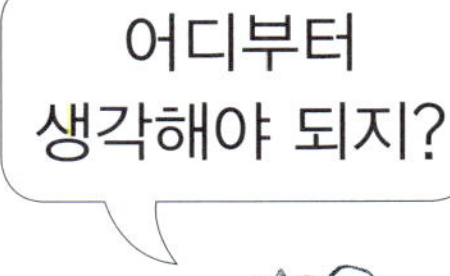

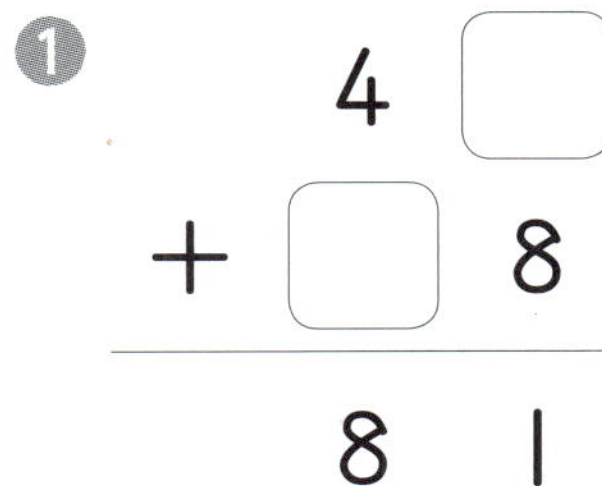

$$\begin{array}{r} 1\ 7 \\ +\ 9\ 4 \\ \hline 1\ 1\ 1 \end{array}$$

①
$$\begin{array}{r} 4\ \square \\ +\ \square\ 8 \\ \hline 8\ 1 \end{array}$$

②
$$\begin{array}{r} \square\ 9 \\ +\ 1\ \square \\ \hline 8\ 6 \end{array}$$

③
$$\begin{array}{r} 5\ \square \\ +\ \square\ 7 \\ \hline \square\ 5\ 3 \end{array}$$

④
$$\begin{array}{r} 8\ 2 \\ +\ \square\ 8 \\ \hline \square\ 3\ \square \end{array}$$

⑤
$$\begin{array}{r} \square\ 3 \\ +\ 5\ \square \\ \hline 1\ 3\ 2 \end{array}$$

⑥
$$\begin{array}{r} \square\ 5 \\ +\ 9\ \square \\ \hline \square\ 8\ 1 \end{array}$$

⑦
$$\begin{array}{r} 6\ \square \\ +\ \square\ 2 \\ \hline \square\ 4\ 3 \end{array}$$

⑧
$$\begin{array}{r} \square\ 4 \\ +\ 7\ \square \\ \hline \square\ 2\ 0 \end{array}$$

⑨
$$\begin{array}{r} \square\ 8 \\ +\ 6\ \square \\ \hline 1\ 1\ 7 \end{array}$$

공부한 날
월
일

재미있는 덧셈 연습 (1)

🌳 두 수의 합이 바구니 위의 수가 될 때, 필요 없는 수에 ✕표 하세요.

올바른 식이 되도록 선을 그으세요.

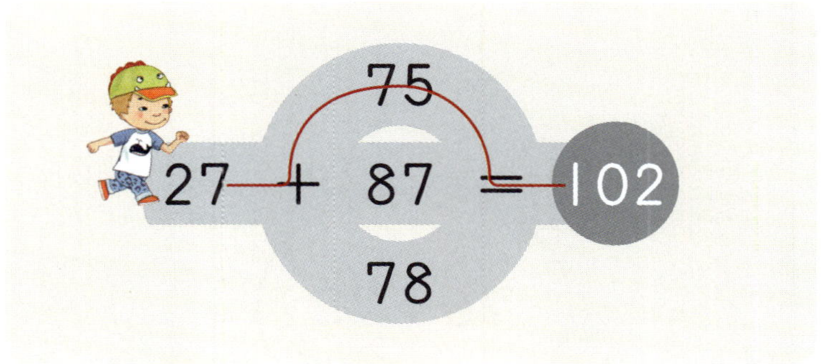

❶

❷

❸

❹

❺

❻

52+83
76+75
6 4
+ 9 6
9 8
+ 3 7
62+89
73+59
8 8
+ 7 2
47+85
멋진 비눗방울을
만들어야지.

🌳 빈칸에 알맞은 수를 쓰세요.

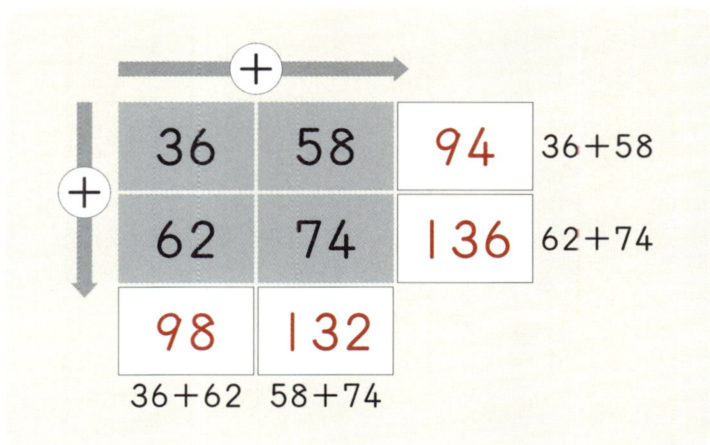

+		
36	58	94 (36+58)
62	74	136 (62+74)
98	132	
(36+62)	(58+74)	

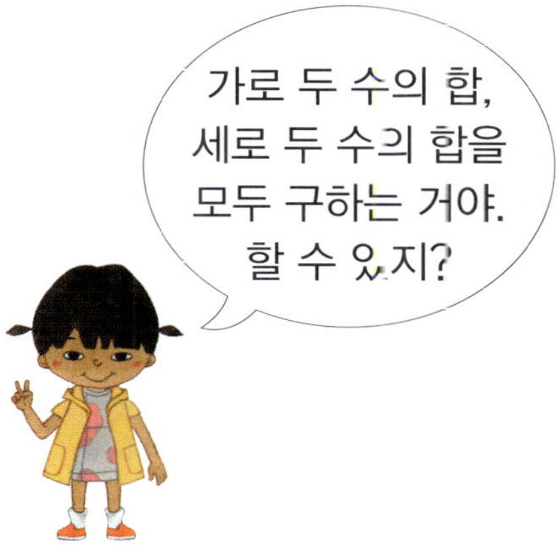

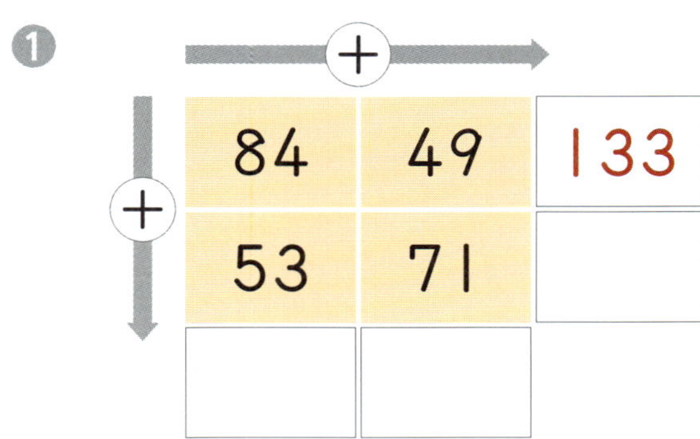

❶

+		
84	49	133
53	71	

❷

+		
79	68	147
73	40	

❸

+		
75	96	171
47	68	

❹

+		
59	62	121
89	70	

편리한 방법으로 덧셈하기

태돌이와 현우가 빠르고 정확하게 계산하는 방법을 알려 줘요.

$67 + 58 = \boxed{125}$

65　2
60
125

$67 + 58 = \boxed{125}$

60　−2
127
125

🌳 각자 편리한 방법으로 계산을 하세요.

① $28 + 15 = \boxed{}$

② $41 + 27 = \boxed{}$

③ $72 + 41 = \boxed{}$

④ $64 + 18 = \boxed{}$

⑤ $47 + 36 = \boxed{}$

⑥ $36 + 49 = \boxed{}$

⑦ $53 + 64 = \boxed{}$

⑧ $85 + 61 = \boxed{}$

🌱 **편리한 방법으로 덧셈을 하세요.**

$17 + 85 = \boxed{102}$

① $35 + 29 = \boxed{}$ ② $16 + 81 = \boxed{}$

③ $41 + 46 = \boxed{}$ ④ $78 + 59 = \boxed{}$

⑤ $63 + 95 = \boxed{}$ ⑥ $52 + 27 = \boxed{}$

⑦ $74 + 18 = \boxed{}$ ⑧ $25 + 56 = \boxed{}$

⑨ $93 + 43 = \boxed{}$ ⑩ $64 + 71 = \boxed{}$

받아올림이 없는 덧셈 | **받아올림이 있는 덧셈**

$$
\begin{array}{r}
1\ 5 \\
+\ 2\ 3 \\
\hline
3\ 8
\end{array}
\qquad
\begin{array}{r}
1 \\
4\ 7 \\
+\ 3\ 6 \\
\hline
8\ 3
\end{array}
\qquad
\begin{array}{r}
6\ 2 \\
+\ 8\ 4 \\
\hline
1\ 4\ 6
\end{array}
$$

$$
\begin{array}{r}
\square \\
2\ 8 \\
+\ 4\ 5 \\
\hline
\square\ \square
\end{array}
\qquad
\begin{array}{r}
\square \\
7\ 3 \\
+\ 1\ 8 \\
\hline
\square\ \square
\end{array}
\qquad
\begin{array}{r}
3\ 4 \\
+\ 2\ 1 \\
\hline
\square\ \square
\end{array}
$$

$$
\begin{array}{r}
\square \\
9\ 2 \\
+\ 7\ 6 \\
\hline
\square\ \square
\end{array}
\qquad
\begin{array}{r}
\square \\
8\ 9 \\
+\ 6\ 5 \\
\hline
\square\ \square
\end{array}
\qquad
\begin{array}{r}
\square \\
5\ 5 \\
+\ 9\ 7 \\
\hline
\square\ \square
\end{array}
$$

$$
\begin{array}{r} 2\ 5 \\ +\ 7\ 3 \\ \hline 9\ 8 \end{array}
\qquad
\begin{array}{r} 4\ 9 \\ +\ 8\ 4 \\ \hline 1\ 3\ 3 \end{array}
$$

①
$$
\begin{array}{r} 5\ 8 \\ +\ 1\ 6 \\ \hline \end{array}
$$

②
$$
\begin{array}{r} 3\ 6 \\ +\ 4\ 7 \\ \hline \end{array}
$$

③
$$
\begin{array}{r} 8\ 3 \\ +\ 9\ 1 \\ \hline \end{array}
$$

④
$$
\begin{array}{r} 2\ 7 \\ +\ 6\ 9 \\ \hline \end{array}
$$

⑤
$$
\begin{array}{r} 1\ 2 \\ +\ 3\ 5 \\ \hline \end{array}
$$

⑥
$$
\begin{array}{r} 7\ 8 \\ +\ 5\ 4 \\ \hline \end{array}
$$

⑦
$$
\begin{array}{r} 9\ 5 \\ +\ 2\ 8 \\ \hline \end{array}
$$

⑧
$$
\begin{array}{r} 4\ 8 \\ +\ 7\ 3 \\ \hline \end{array}
$$

⑨
$$
\begin{array}{r} 6\ 5 \\ +\ 9\ 2 \\ \hline \end{array}
$$

재미있는 덧셈 연습 (2)

태돌이가 현우의 집 창문에 색칠을 했어요.

🌳 합이 지붕 위의 수가 되는 두 수를 찾아 색칠하세요.

❶ 152

| 82 | 85 |
| 67 | 78 |

❷ 141

| 74 | 43 |
| 98 | 77 |

❸ 112

| 79 | 37 |
| 43 | 75 |

❹ 177

| 93 | 82 |
| 85 | 92 |

빈칸에 알맞은 수를 쓰세요.

23＋14＝37
23 ＋ 14 ＝ 37
＋   ＋
48   73
＝   ＝
71 ＋ 39 ＝ 110
23＋48＝71
37＋73＝110,
71＋39＝110

아이구~ 어지러워.
빙글빙글 도는
식이 있어.
빙글빙글 돌아가는
식이 모두 올바른
식이 되어야 해.

❶

19 ＋ 65 ＝
＋   ＋
23   29
＝   ＝
＋ 71 ＝

❷

21 ＋ 36 ＝
＋   ＋
61   48
＝   ＝
＋ 23 ＝

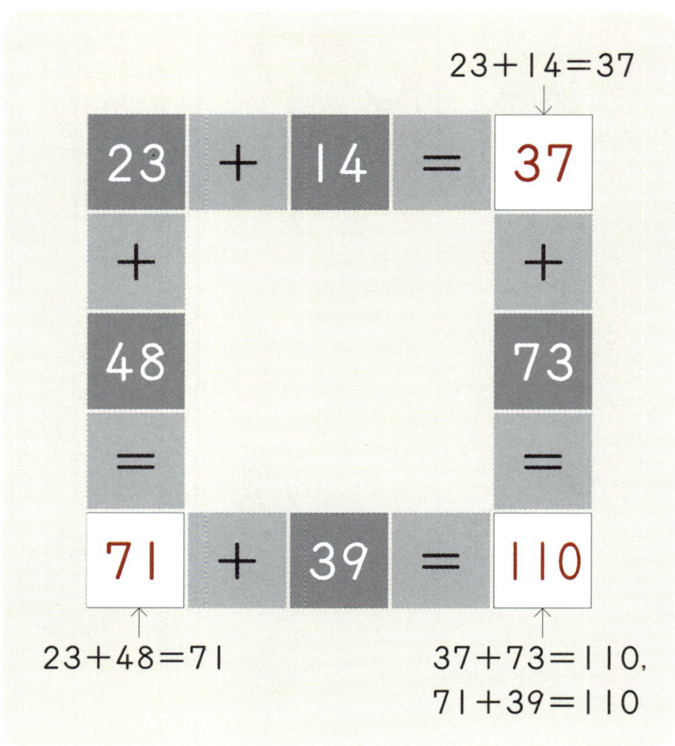

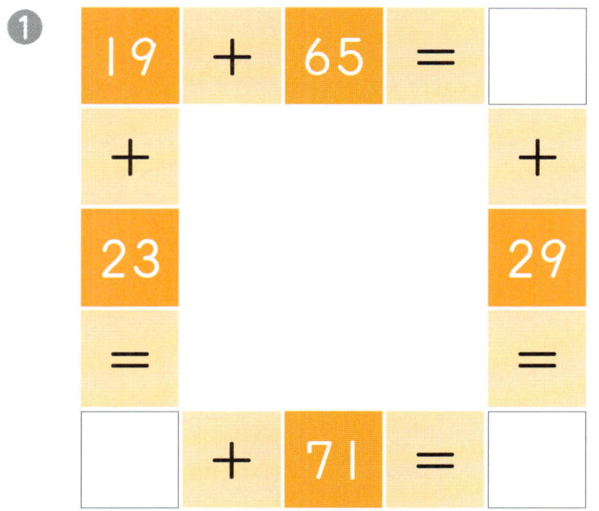

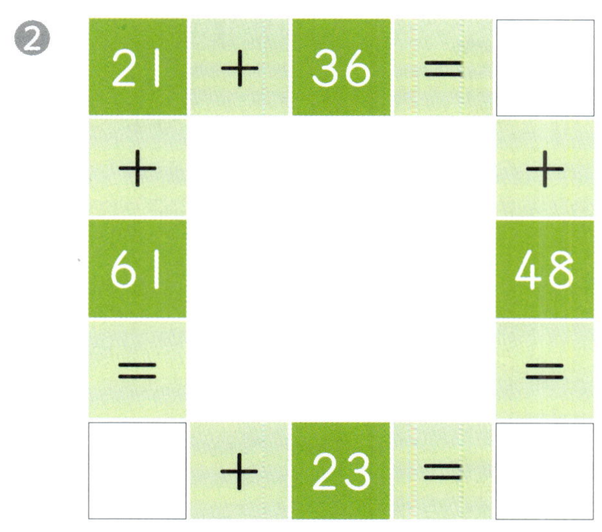

🌳 **올바른 길을 따라 선을 그으세요.**

①

②

③

④

⑤

⑥

● 아래 두 수의 합을 위의 빈 곳에 쓰세요.

❶ 

❷ 

❸ 

❹ 

❺ 

❻ 

공부한 날

월

일

무엇을 배웠을까요

🌲 각 자리 숫자의 합을 생각하여 받아올림이 있는 자리에 모두 ◯표 하세요.

❶ 

일	십

❷ 

일	십

🌲 ☐ 안에 알맞은 수를 쓰세요.

❸
```
    ☐
    4 8
+   5 6
———————
  ☐   ☐
```

❹
```
    ☐
    8 9
+   4 7
———————
  ☐   ☐
```

❺
```
    ☐
    7 3
+   5 9
———————
  ☐   ☐
```

🌲 주어진 숫자 카드 중 2장을 사용하여 ☐ 안에 알맞은 수를 쓰세요.

❻ 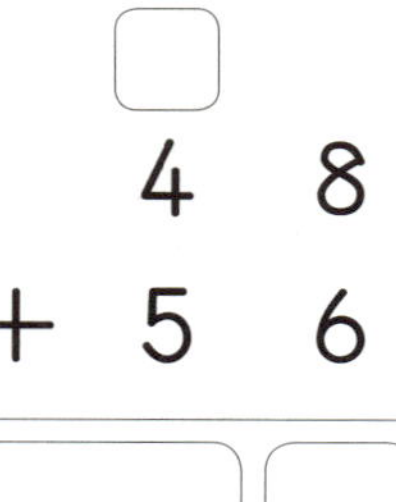


```
  ☐   8
+ 4   ☐
———————
  7   1
```

❼ 

```
  1   ☐
+ ☐   4
———————
  6   2
```

🌲 올바른 식이 되도록 선을 그으세요.

⑧ 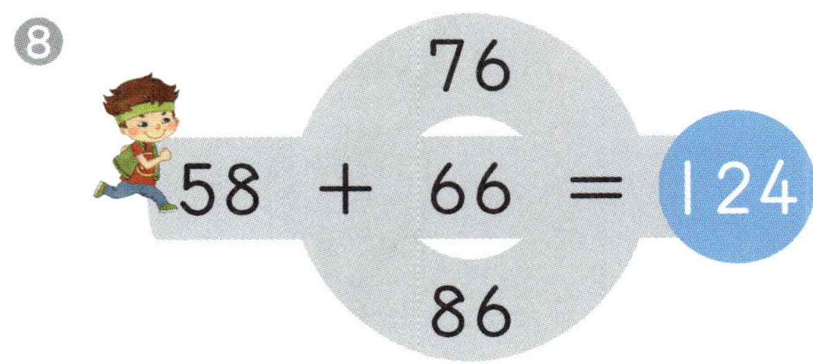

⑨

🌲 편리한 방법으로 덧셈을 하세요.

⑩ 93 + 54 = ☐

⑪ 84 + 72 = ☐

🌲 빈칸에 알맞은 수를 쓰세요.

⑫ 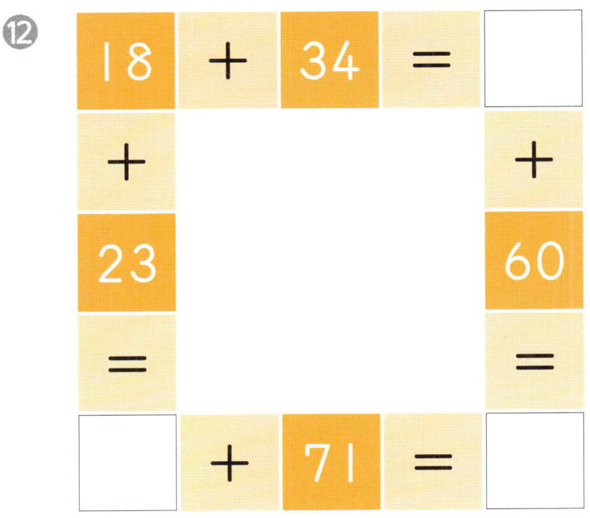

⑬ 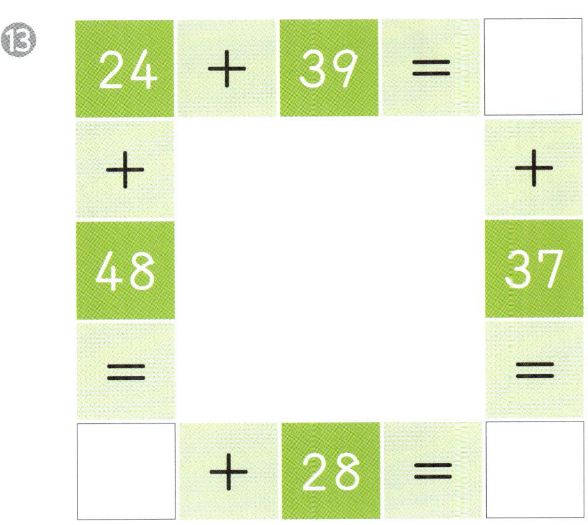

연산력 게임

QR코드를 찍으면 다양한 연산 게임을 할 수 있어요.

빈 곳에 들어갈 두 수의 합은 무엇일까요?

덧셈 결과를 오른쪽에서 찾아 손가락으로 답과 확인 버튼을 눌러 보세요.
133을 누르면 정답입니다.

저울에 올려진 공 2개의 합을 구해 보세요.

저울 눈금의 수에서 답을 찾아 손가락으로 버튼을 누르세요.
102를 누르면 정답입니다.

연산 보충 학습

받아올림이 없는 두 자리 수의 덧셈

❖ 계산을 하세요.

① 51 + 20 = ☐

② 32 + 60 = ☐

③ 11 + 70 = ☐

④ 68 + 10 = ☐

⑤ 43 + 40 = ☐

⑥ 24 + 72 = ☐

⑦ 58 + 21 = ☐

⑧ 48 + 30 = ☐

⑨ 31 + 56 = ☐

⑩ 65 + 13 = ☐

⑪ 52 + 24 = ☐

⑫ 46 + 32 = ☐

⑬ 31 + 45 = ☐

⑭ 65 + 14 = ☐

❖ 계산을 하세요.

⑮
$$\begin{array}{r} 5\ 0 \\ +\ 2\ 7 \\ \hline \end{array}$$

⑯
$$\begin{array}{r} 4\ 8 \\ +\ 3\ 0 \\ \hline \end{array}$$

⑰
$$\begin{array}{r} 7\ 2 \\ +\ 1\ 4 \\ \hline \end{array}$$

⑱
$$\begin{array}{r} 6\ 4 \\ +\ 2\ 5 \\ \hline \end{array}$$

⑲
$$\begin{array}{r} 3\ 3 \\ +\ 4\ 5 \\ \hline \end{array}$$

⑳
$$\begin{array}{r} 2\ 8 \\ +\ 5\ 0 \\ \hline \end{array}$$

㉑
$$\begin{array}{r} 5\ 6 \\ +\ 2\ 3 \\ \hline \end{array}$$

㉒
$$\begin{array}{r} 1\ 3 \\ +\ 7\ 4 \\ \hline \end{array}$$

㉓
$$\begin{array}{r} 8\ 5 \\ +\ 1\ 2 \\ \hline \end{array}$$

㉔
$$\begin{array}{r} 5\ 2 \\ +\ 4\ 3 \\ \hline \end{array}$$

㉕
$$\begin{array}{r} 2\ 2 \\ +\ 7\ 6 \\ \hline \end{array}$$

㉖
$$\begin{array}{r} 8\ 5 \\ +\ 1\ 3 \\ \hline \end{array}$$

관련 쪽수: 30~51쪽

❖ ☐ 안에 알맞은 수를 쓰세요.

①
$$\begin{array}{r} 4\ 8 \\ +\ 2\ 7 \\ \hline \end{array}$$

②
$$\begin{array}{r} 1\ 9 \\ +\ 1\ 8 \\ \hline \end{array}$$

③
$$\begin{array}{r} 3\ 9 \\ +\ 5\ 2 \\ \hline \end{array}$$

④
$$\begin{array}{r} 6\ 5 \\ +\ 1\ 5 \\ \hline \end{array}$$

⑤
$$\begin{array}{r} 5\ 7 \\ +\ 3\ 7 \\ \hline \end{array}$$

⑥
$$\begin{array}{r} 2\ 6 \\ +\ 6\ 7 \\ \hline \end{array}$$

⑦ $63 + 28 = $ ☐

⑧ $36 + 46 = $ ☐

⑨ $24 + 28 = $ ☐

⑩ $49 + 39 = $ ☐

⑪ $27 + 66 = $ ☐

⑫ $15 + 47 = $ ☐

✤ ☐ 안에 알맞은 수를 쓰세요.

⑬
$$\begin{array}{r} 9\ 2 \\ +\ 3\ 4 \\ \hline \end{array}$$

⑭
$$\begin{array}{r} 5\ 5 \\ +\ 6\ 3 \\ \hline \end{array}$$

⑮
$$\begin{array}{r} 8\ 2 \\ +\ 6\ 4 \\ \hline \end{array}$$

⑯
$$\begin{array}{r} 5\ 7 \\ +\ 8\ 0 \\ \hline \end{array}$$

⑰
$$\begin{array}{r} 5\ 3 \\ +\ 7\ 5 \\ \hline \end{array}$$

⑱
$$\begin{array}{r} 9\ 4 \\ +\ 8\ 2 \\ \hline \end{array}$$

⑲ $45 + 83 =$ ☐

⑳ $94 + 72 =$ ☐

㉑ $92 + 25 =$ ☐

㉒ $66 + 83 =$ ☐

㉓ $46 + 81 =$ ☐

㉔ $53 + 56 =$ ☐

관련 쪽수: 54~71쪽

❖ ☐ 안에 알맞은 수를 쓰세요.

① $38 + 25$

$= 38 + \boxed{} + 5$

$= \boxed{} + 5$

$= \boxed{}$

② $56 + 37$

$= 56 + 30 + \boxed{}$

$= 86 + \boxed{}$

$= \boxed{}$

③ $59 + 16$

$= 59 + \boxed{} + 6$

$= \boxed{} + 6$

$= \boxed{}$

④ $15 + 65$

$= 15 + 60 + \boxed{}$

$= 75 + \boxed{}$

$= \boxed{}$

⑤ $45 + 39$

$= 45 + \boxed{} - 1$

$= \boxed{} - 1$

$= \boxed{}$

⑥ $67 + 17$

$= 67 + 20 - \boxed{}$

$= 87 - \boxed{}$

$= \boxed{}$

❼ 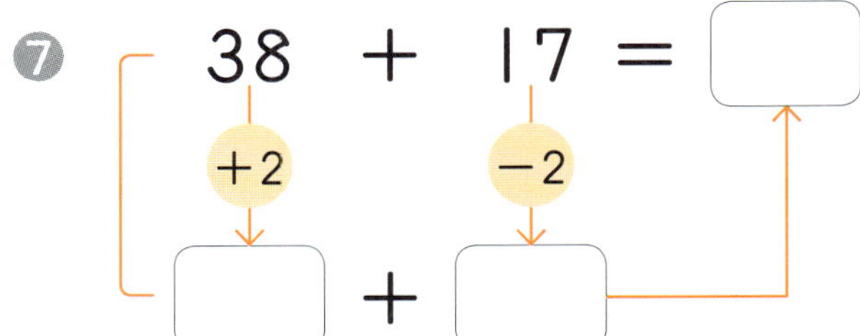
$$38 + 17 = \boxed{}$$
$+2 \quad -2$
$$\boxed{} + \boxed{}$$

❽
$$54 + 39 = \boxed{}$$
$-1 \quad +1$
$$\boxed{} + \boxed{}$$

❾ $19 + 54 = \boxed{}$
$50 \quad \boxed{}$

❿ $29 + 25 = \boxed{}$
$\boxed{} \quad 24$

⓫ $33 + 27 = \boxed{}$
$\boxed{} \quad -3$

⓬ $48 + 45 = \boxed{}$
$2 \quad \boxed{}$

⓭ $34 + 48 = \boxed{}$
$\boxed{} \quad -2$

⓮ $36 + 45 = \boxed{}$
$4 \quad \boxed{}$

두 자리 수의 덧셈

❖ ☐ 안에 알맞은 수를 쓰세요.

①
$$\begin{array}{r} 3\ 9 \\ +\ 6\ 5 \\ \hline \end{array}$$

②
$$\begin{array}{r} 8\ 8 \\ +\ 4\ 6 \\ \hline \end{array}$$

③
$$\begin{array}{r} 7\ 5 \\ +\ 5\ 6 \\ \hline \end{array}$$

④
$$\begin{array}{r} 6\ 7 \\ +\ 4\ 8 \\ \hline \end{array}$$

⑤
$$\begin{array}{r} 5\ 4 \\ +\ 5\ 9 \\ \hline \end{array}$$

⑥
$$\begin{array}{r} 5\ 8 \\ +\ 7\ 4 \\ \hline \end{array}$$

⑦
$$\begin{array}{r} 9\ 6 \\ +\ 3\ 9 \\ \hline \end{array}$$

⑧
$$\begin{array}{r} 8\ 6 \\ +\ 7\ 8 \\ \hline \end{array}$$

⑨
$$\begin{array}{r} 4\ 9 \\ +\ 9\ 8 \\ \hline \end{array}$$

⑩ $93 + 55 = $ ☐

⑪ $84 + 76 = $ ☐

⑫ $62 + 57 = $ ☐

⑬ $78 + 53 = $ ☐

361 더하기 몇십

큐리는 사탕 목걸이를 만들었어요.

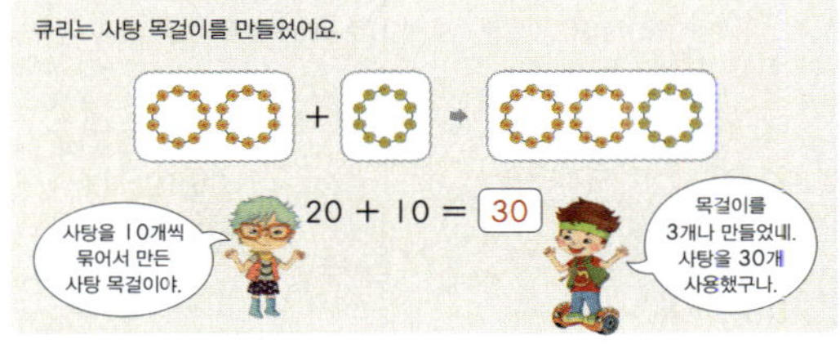

🌱 그림을 보고 ☐ 안에 알맞은 수를 쓰세요.

❶ 10 + 10 = 20

❷ 20 + 20 = 40

❸ 30 + 40 = 70

🌱 그림을 보고 ☐ 안에 알맞은 수를 쓰세요.

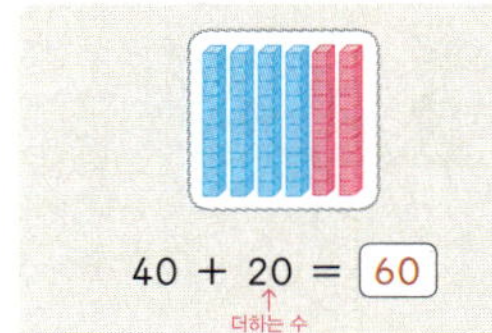
40 + 20 = 60
더하는 수

❶ 20 + 50 = 70

❷ 10 + 60 = 70

❸ 20 + 20 = 40

❹ 70 + 20 = 90

현우가 돼지 저금통에 저금을 했어요.

🌱 그림을 보고 ☐ 안에 알맞은 수를 쓰세요.

❶ 26 + 10 = 36

❷ 53 + 30 = 83

❸ 42 + 20 = 62

❹ 15 + 50 = 65

🌱 계산을 하세요.

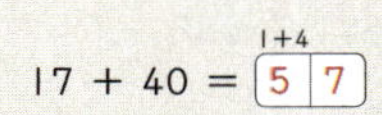
17 + 40 = 5 7 (1+4)

❶ 63 + 20 = 8 3

❷ 34 + 60 = 9 4

❸ 11 + 50 = 6 1

❹ 76 + 10 = 8 6

❺ 42 + 30 = 7 2

❻ 25 + 70 = 9 5

❼ 58 + 10 = 6 8

❽ 49 + 30 = 7 9

❾ 31 + 40 = 7 1

❿ 65 + 10 = 7 5

362 (두 자리 수)+(두 자리 수)

10 · 11

태돌이와 현우가 수 모형을 보고 덧셈을 하려고 해요.

● 그림을 보고 □ 안에 알맞은 수를 쓰세요.

① 22 + 24 = 46

② 16 + 43 = 59

③ 33 + 55 = 88

④ 32 + 44 = 76

● 더하는 수만큼 ⑩, ①을 그리고 □ 안에 알맞은 수를 쓰세요.

31 + 23 = 54

① 16 + 41 = 57

② 52 + 17 = 69

③ 24 + 62 = 86

④ 13 + 31 = 44

⑤ 35 + 42 = 77

⑥ 41 + 53 = 94

---

12 · 13

태돌이와 현우가 칙칙폭폭 기차놀이를 해요.

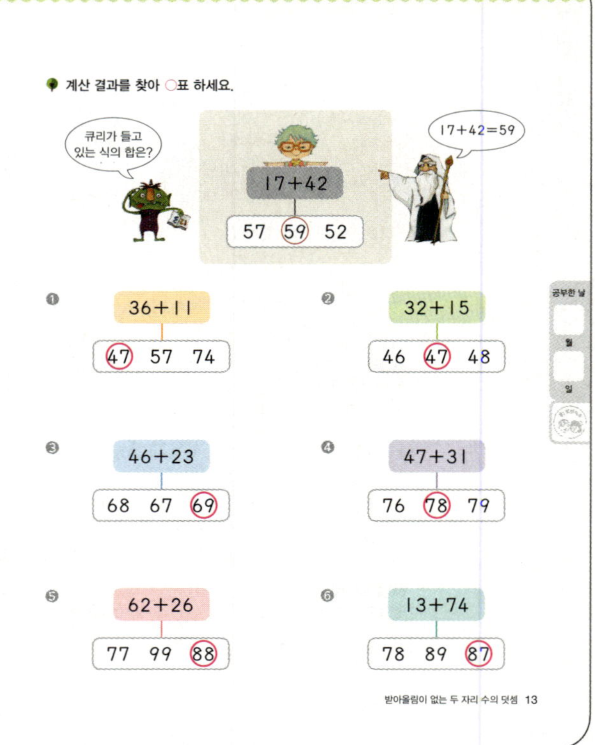

● 덧셈을 하세요.

① 31 + 57 = 88

② 14 + 23 = 37

③ 46 + 41 = 87

④ 73 + 15 = 88

⑤ 52 + 24 = 76

⑥ 37 + 61 = 98

● 계산 결과를 찾아 ○표 하세요.

① 36+11
47 57 74

② 32+15
46 47 48

③ 46+23
68 67 69

④ 47+31
76 78 79

⑤ 62+26
77 99 88

⑥ 13+74
78 89 87

공부한 날
월
일

363 세로셈

큐리와 현우가 지갑에 있는 동전을 세고 있어요.

🌱 그림을 보고 □ 안에 알맞은 수를 쓰세요.

①
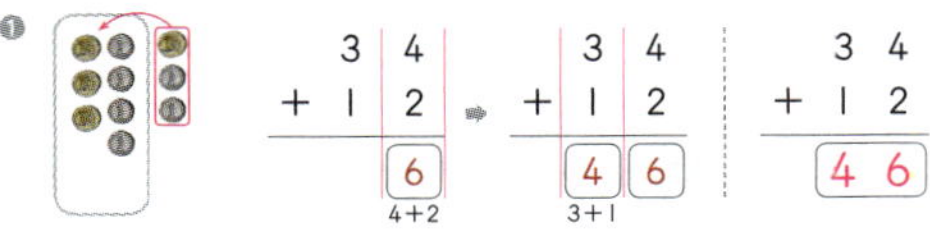

$$\begin{array}{r} 3\ 4 \\ +\ 1\ 2 \\ \hline 6 \end{array}$$
(4+2)
$$\Rightarrow \begin{array}{r} 3\ 4 \\ +\ 1\ 2 \\ \hline 4\ 6 \end{array}$$
(3+1)
$$\begin{array}{r} 3\ 4 \\ +\ 1\ 2 \\ \hline 4\ 6 \end{array}$$

②
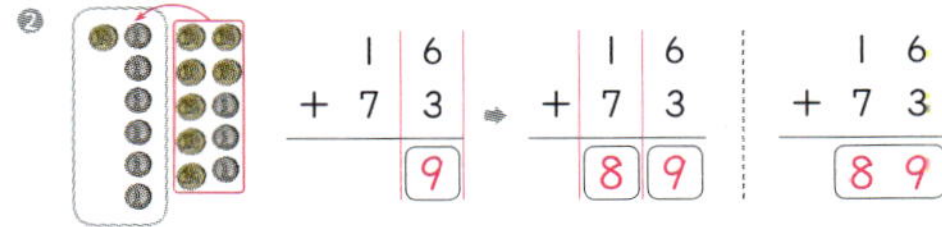

$$\begin{array}{r} 1\ 6 \\ +\ 7\ 3 \\ \hline 9 \end{array}$$
$$\Rightarrow \begin{array}{r} 1\ 6 \\ +\ 7\ 3 \\ \hline 8\ 9 \end{array}$$
$$\begin{array}{r} 1\ 6 \\ +\ 7\ 3 \\ \hline 8\ 9 \end{array}$$

③
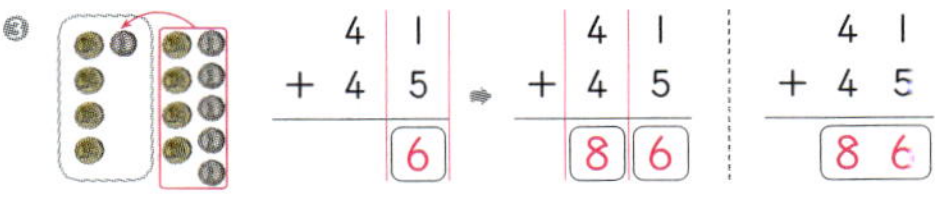

$$\begin{array}{r} 4\ 1 \\ +\ 4\ 5 \\ \hline 6 \end{array}$$
$$\Rightarrow \begin{array}{r} 4\ 1 \\ +\ 4\ 5 \\ \hline 8\ 6 \end{array}$$
$$\begin{array}{r} 4\ 1 \\ +\ 4\ 5 \\ \hline 8\ 6 \end{array}$$

🌱 가로셈을 세로셈으로 바꾸고 계산하세요.

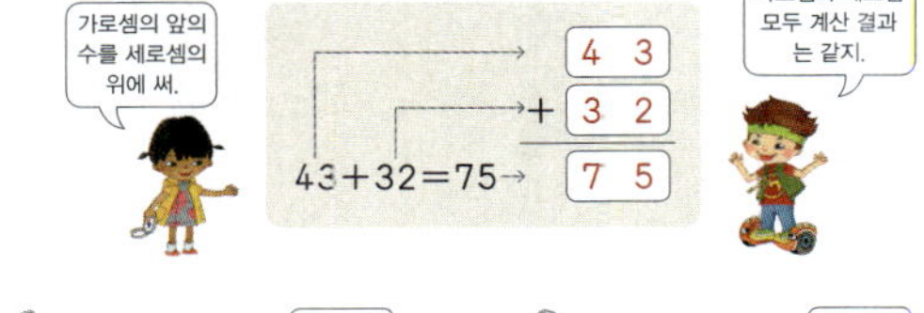

① 26+51
$$\begin{array}{r} 2\ 6 \\ +\ 5\ 1 \\ \hline 7\ 7 \end{array}$$

② 3+74
$$\begin{array}{r} 1\ 3 \\ +\ 7\ 4 \\ \hline 8\ 7 \end{array}$$

③ 45+22
$$\begin{array}{r} 4\ 5 \\ +\ 2\ 2 \\ \hline 6\ 7 \end{array}$$

④ 32+26
$$\begin{array}{r} 3\ 2 \\ +\ 2\ 6 \\ \hline 5\ 8 \end{array}$$

⑤ 61+18
$$\begin{array}{r} 6\ 1 \\ +\ 1\ 8 \\ \hline 7\ 9 \end{array}$$

⑥ 37+52
$$\begin{array}{r} 3\ 7 \\ +\ 5\ 2 \\ \hline 8\ 9 \end{array}$$

🌱 계산 결과를 찾아 선으로 이으세요.

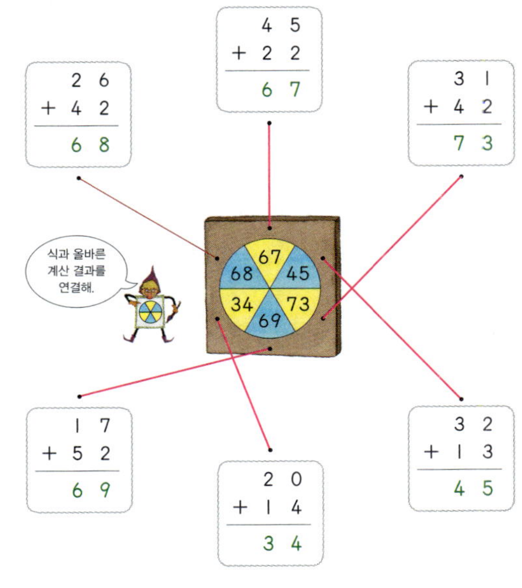

$$\begin{array}{r} 4\ 5 \\ +\ 2\ 2 \\ \hline 6\ 7 \end{array}$$

$$\begin{array}{r} 2\ 6 \\ +\ 4\ 2 \\ \hline 6\ 8 \end{array}$$

$$\begin{array}{r} 3\ 1 \\ +\ 4\ 2 \\ \hline 7\ 3 \end{array}$$

$$\begin{array}{r} 1\ 7 \\ +\ 5\ 2 \\ \hline 6\ 9 \end{array}$$

$$\begin{array}{r} 2\ 0 \\ +\ 1\ 4 \\ \hline 3\ 4 \end{array}$$

$$\begin{array}{r} 3\ 2 \\ +\ 1\ 3 \\ \hline 4\ 5 \end{array}$$

🌱 계산을 하세요.

①
$$\begin{array}{r} 5\ 1 \\ +\ 2\ 6 \\ \hline 7\ 7 \end{array}$$

②
$$\begin{array}{r} 4\ 7 \\ +\ 3\ 2 \\ \hline 7\ 9 \end{array}$$

③
$$\begin{array}{r} 7\ 3 \\ +\ 1\ 5 \\ \hline 8\ 8 \end{array}$$

④
$$\begin{array}{r} 6\ 4 \\ +\ 3\ 5 \\ \hline 9\ 9 \end{array}$$

⑤
$$\begin{array}{r} 3\ 3 \\ +\ 4\ 1 \\ \hline 7\ 4 \end{array}$$

⑥
$$\begin{array}{r} 1\ 8 \\ +\ 5\ 0 \\ \hline 6\ 8 \end{array}$$

⑦
$$\begin{array}{r} 3\ 6 \\ +\ 4\ 3 \\ \hline 7\ 9 \end{array}$$

⑧
$$\begin{array}{r} 2\ 2 \\ +\ 7\ 4 \\ \hline 9\ 6 \end{array}$$

⑨
$$\begin{array}{r} 8\ 6 \\ +\ 1\ 2 \\ \hline 9\ 8 \end{array}$$

공부한 날
월
일

364 바꾸어 더하기

18 · 19

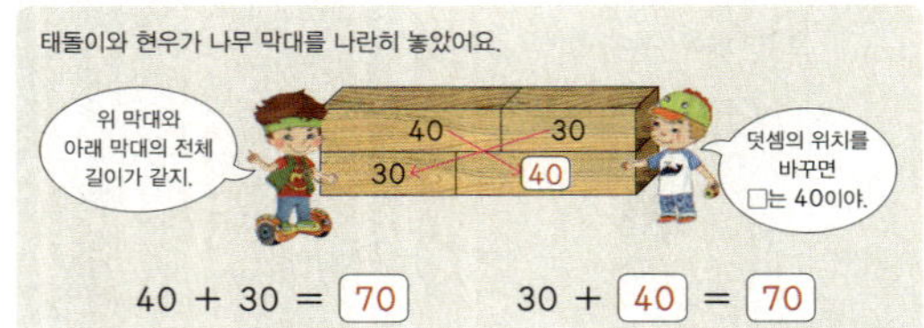

$40 + 30 = \boxed{70}$ $30 + \boxed{40} = \boxed{70}$

🍀 그림을 보고 □ 안에 알맞은 수를 쓰세요.

❶ 
54   24
24   54

$54 + 24 = \boxed{78}$
$24 + \boxed{54} = \boxed{78}$

❷ 
30   15
15   30

$30 + 15 = \boxed{45}$
$\boxed{15} + 30 = \boxed{45}$

❸
51   18
18   51

$51 + 18 = \boxed{69}$
$18 + \boxed{51} = \boxed{69}$

🌳 계산 결과를 찾아 선으로 이으세요.

51+32 — 83
45+24 — 39
23+16 — 59
32+27 — 69
14+11 — 25

16+23
32+51
24+45
11+14
27+32

---

20 · 21

🍀 큐리와 티나가 수가 적힌 공을 이용하여 덧셈식을 만들었어요.

$\boxed{24} + \boxed{25} = \boxed{49}$
$\boxed{25} + \boxed{24} = \boxed{49}$

🍀 주어진 수를 이용하여 덧셈식 2개를 만드세요.

❶ 27 61 88

$\boxed{27} + \boxed{61} = \boxed{88}$
$\boxed{61} + \boxed{27} = \boxed{88}$

❷ 33 45 78

$\boxed{33} + \boxed{45} = \boxed{78}$
$\boxed{45} + \boxed{33} = \boxed{78}$

❸ 56 13 43

$\boxed{13} + \boxed{43} = \boxed{56}$
$\boxed{43} + \boxed{13} = \boxed{56}$

❹ 20 94 74

$\boxed{20} + \boxed{74} = \boxed{94}$
$\boxed{74} + \boxed{20} = \boxed{94}$

🌳 바꾸어 더하기를 사용하여 계산을 하세요.

$13 + 36 = \boxed{49}$

❶ $21 + 65 = \boxed{86}$ ❷ $13 + 46 = \boxed{59}$

❸ $37 + 52 = \boxed{89}$ ❹ $26 + 73 = \boxed{99}$

❺ $41 + 55 = \boxed{96}$ ❻ $32 + 61 = \boxed{93}$

❼ $14 + 83 = \boxed{97}$ ❽ $24 + 53 = \boxed{77}$

❾ $33 + 54 = \boxed{87}$ ❿ $11 + 86 = \boxed{97}$

공부한 날
월
일

365 재미있는 덧셈 연습

🌳 계산 결과를 찾아 선을 그어 길을 만들어 보세요.

🌳 사다리 타기를 하여 ☐ 안에 알맞은 수를 쓰세요.

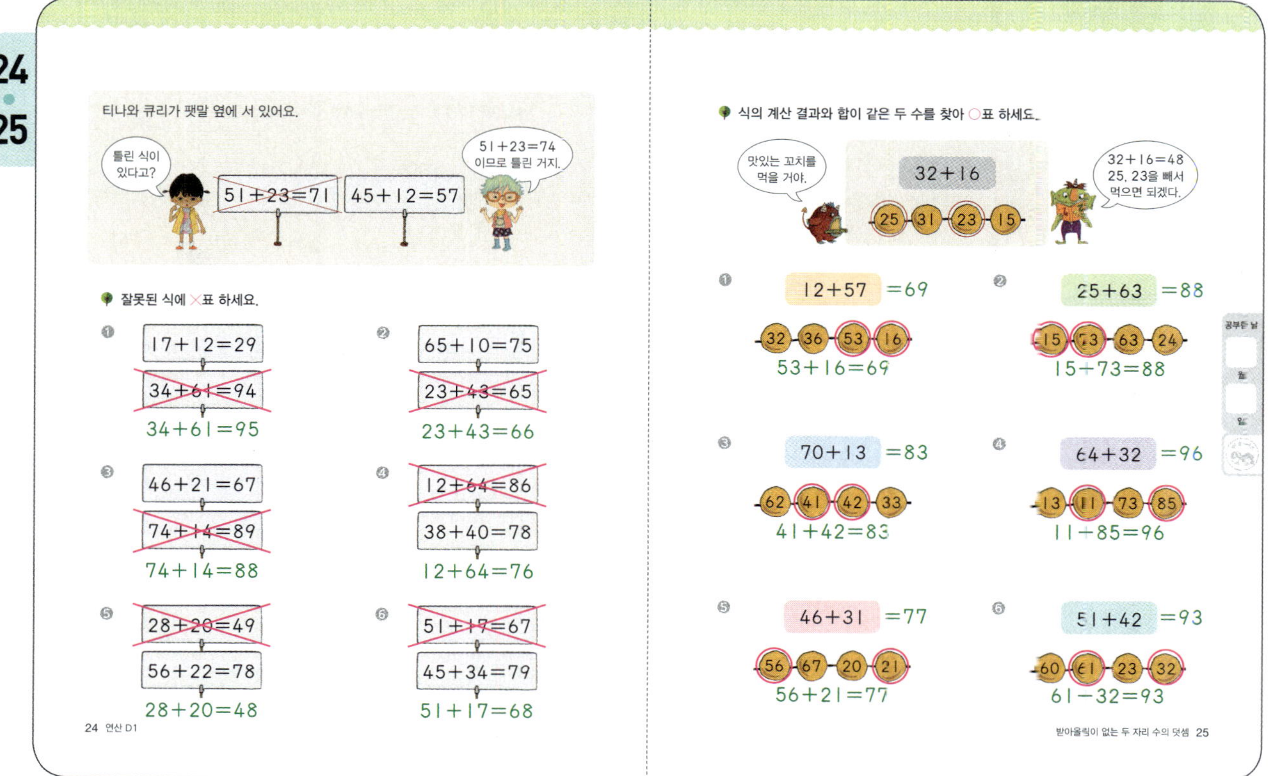

티나와 큐리가 팻말 옆에 서 있어요.

🌳 잘못된 식에 ✕표 하세요.

❶
17+12=29
34+61=94
34+61=95

❷
65+10=75
23+43=65
23+43=66

❸
46+21=67
74+14=89
74+14=88

❹
12+64=86
38+40=78
12+64=76

❺
28+20=49
56+22=78
28+20=48

❻
51+17=67
45+34=79
51+17=68

🌳 식의 계산 결과와 합이 같은 두 수를 찾아 ◯표 하세요.

❶
12+57 =69
32   36   53   16
53+16=69

❷
25+63 =88
15   73   63   24
15+73=88

❸
70+13 =83
62   41   42   33
41+42=83

❹
64+32 =96
13   11   73   85
11+85=96

❺
46+31 =77
56   67   20   21
56+21=77

❻
51+42 =93
60   61   23   32
61+32=93

무엇을 배웠을까요

▲ 그림을 보고 □ 안에 알맞은 수를 쓰세요.

① 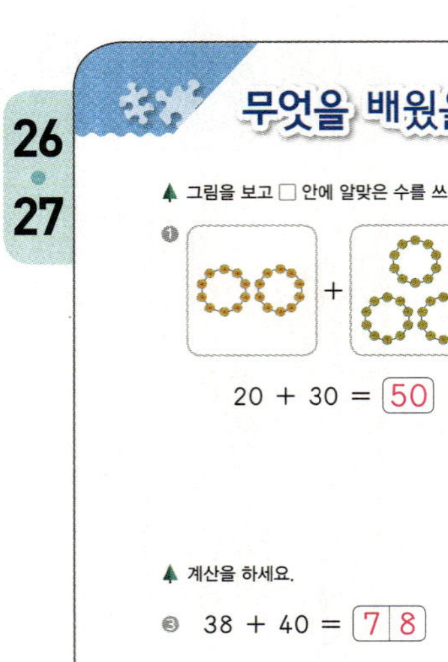

$20 + 30 = \boxed{50}$

② $34 + 52 = \boxed{86}$

▲ 계산을 하세요.

③ $38 + 40 = \boxed{78}$　　④ $76 + 21 = \boxed{97}$

▲ 가로셈을 세로셈으로 바꾸고 계산하세요.

⑤
$$\begin{array}{r} 6\ 5 \\ +\ 1\ 3 \\ \hline 7\ 8 \end{array}$$
$65+13$

⑥
$$\begin{array}{r} 4\ 2 \\ +\ 5\ 4 \\ \hline 9\ 6 \end{array}$$
$42+54$

▲ 계산을 하세요.

⑦
$$\begin{array}{r} 2\ 6 \\ +\ 4\ 1 \\ \hline 6\ 7 \end{array}$$

⑧
$$\begin{array}{r} 3\ 5 \\ +\ 4\ 3 \\ \hline 7\ 8 \end{array}$$

⑨
$$\begin{array}{r} 8\ 2 \\ +\ 1\ 3 \\ \hline 9\ 5 \end{array}$$

▲ 주어진 수를 이용하여 덧셈식 2개를 만드세요.

⑩ 48　12　36

$\boxed{12} + \boxed{36} = \boxed{48}$
$\boxed{36} + \boxed{12} = \boxed{48}$

⑪ 30　87　57

$\boxed{30} + \boxed{57} = \boxed{87}$
$\boxed{57} + \boxed{30} = \boxed{87}$

▲ 사다리 타기를 하여 □ 안에 알맞은 수를 쓰세요.

⑫ 26　43　　+32
$\boxed{75}$　$\boxed{58}$
$43+32=75$　$26+32=58$

⑬ 71　56　　+23
$\boxed{79}$　$\boxed{94}$
$56+23=79$　$71+23=94$

공부한 날

366　일의 자리에서 받아올림이 있는 덧셈

태돌이와 현우가 수 모형을 사용하여 덧셈을 하려고 해요.

$17 + 25 = \boxed{42}$

▼ 그림을 보고 □ 안에 알맞은 수를 쓰세요.

① $18 + 16 = \boxed{34}$

② $29 + 11 = \boxed{40}$

♦ ①을 10개 묶고 □ 안에 알맞은 수를 쓰세요.

$28 + 14 = \boxed{42}$

① $35 + 19 = \boxed{54}$

② $44 + 27 = \boxed{71}$

③ $25 + 36 = \boxed{61}$

④ $17 + 17 = \boxed{34}$

태돌이는 사탕의 수의 합을 구하고 있어요.

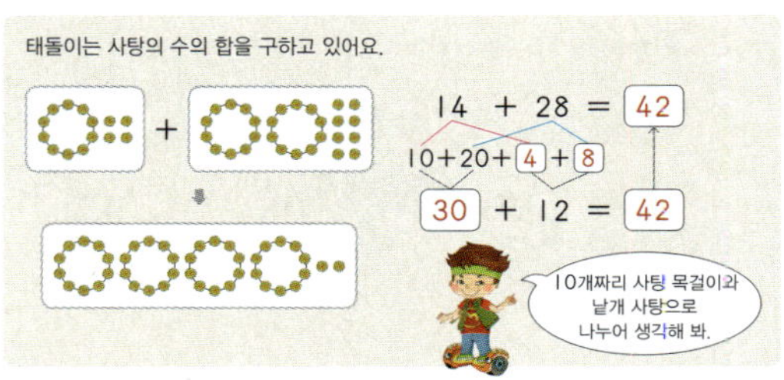

$14 + 28 = \boxed{42}$
$10+20+\boxed{4}+\boxed{8}$
$\boxed{30} + 12 = \boxed{42}$

● □ 안에 알맞은 수를 쓰세요.

❶ $26 + 69 = \boxed{95}$
$20+60+\boxed{6}+\boxed{9}$
$\boxed{80} + 15 = \boxed{95}$

❷ $15 + 56 = \boxed{71}$
$10+50+\boxed{5}+\boxed{6}$
$\boxed{60} + 11 = \boxed{71}$

❸ $35 + 37 = \boxed{72}$
$30+30+\boxed{5}+\boxed{7}$
$\boxed{60} + 12 = \boxed{72}$

❹ $32 + 19 = \boxed{51}$
$30+10+\boxed{2}+\boxed{9}$
$\boxed{40} + 11 = \boxed{51}$

● 계산을 하세요.

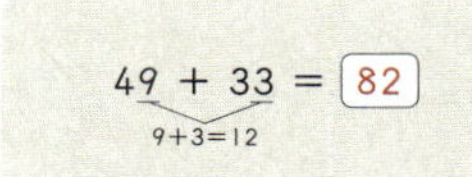

$49 + 33 = \boxed{82}$
$9+3=12$

❶ $28 + 47 = \boxed{75}$
$8+7=15$

❷ $17 + 75 = \boxed{92}$
$7+5=12$

❸ $35 + 59 = \boxed{94}$
$5+9=14$

❹ $54 + 18 = \boxed{72}$
$4+8=12$

❺ $62 + 28 = \boxed{90}$
$2+8=10$

❻ $36 + 56 = \boxed{92}$
$6+6=12$

❼ $14 + 28 = \boxed{42}$
$4+8=12$

❽ $48 + 39 = \boxed{87}$
$8+9=17$

❾ $27 + 56 = \boxed{83}$
$7+6=13$

❿ $5 + 46 = \boxed{61}$
$5+6=11$

---

367 일의 자리에서 받아올림이 있는 세로셈

큐리와 티나가 수가 적힌 공을 사용하여 가로셈과 세로셈을 해요.

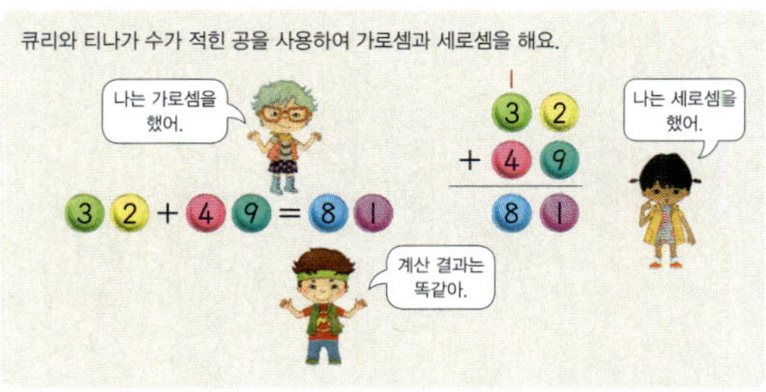

● 그림을 보고 □ 안에 알맞은 수를 쓰세요.

❶ 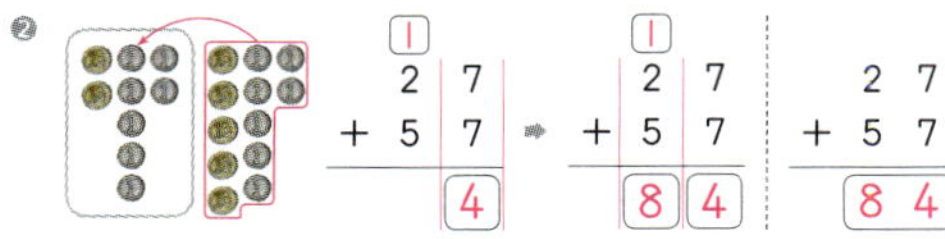

$\begin{array}{r} \boxed{1} \\ 3\,6 \\ +\,4\,9 \\ \hline \boxed{5} \\ {\scriptstyle 6+9} \end{array}$ ➡ $\begin{array}{r} \boxed{1} \\ 3\,6 \\ +\,4\,9 \\ \hline \boxed{8}\,\boxed{5} \\ {\scriptstyle 1+3+4} \end{array}$ $\begin{array}{r} 3\,6 \\ +\,4\,9 \\ \hline \boxed{8}\,\boxed{5} \end{array}$

❷
$\begin{array}{r} \boxed{1} \\ 2\,7 \\ +\,5\,7 \\ \hline \boxed{4} \end{array}$ ➡ $\begin{array}{r} \boxed{1} \\ 2\,7 \\ +\,5\,7 \\ \hline \boxed{8}\,\boxed{4} \end{array}$ $\begin{array}{r} 2\,7 \\ +\,5\,7 \\ \hline \boxed{8}\,\boxed{4} \end{array}$

● □ 안에 알맞은 수를 쓰세요.

$\begin{array}{r} \boxed{1} \\ 5\,6 \\ +\,1\,7 \\ \hline \boxed{7}\,\boxed{3} \\ {\scriptstyle 1+5+1\;\;6+7} \end{array}$

❶ $\begin{array}{r} \boxed{1} \\ 4\,7 \\ +\,2\,9 \\ \hline \boxed{7}\,\boxed{6} \end{array}$
❷ $\begin{array}{r} \boxed{1} \\ 1\,8 \\ +\,1\,8 \\ \hline \boxed{3}\,\boxed{6} \end{array}$
❸ $\begin{array}{r} \boxed{1} \\ 3\,9 \\ +\,4\,3 \\ \hline \boxed{8}\,\boxed{2} \end{array}$

❹ $\begin{array}{r} \boxed{1} \\ 6\,4 \\ +\,2\,6 \\ \hline \boxed{9}\,\boxed{0} \end{array}$
❺ $\begin{array}{r} \boxed{1} \\ 5\,6 \\ +\,3\,6 \\ \hline \boxed{9}\,\boxed{2} \end{array}$
❻ $\begin{array}{r} \boxed{1} \\ 2\,5 \\ +\,6\,9 \\ \hline \boxed{9}\,\boxed{4} \end{array}$

❼ $\begin{array}{r} \boxed{1} \\ 1\,7 \\ +\,3\,7 \\ \hline \boxed{5}\,\boxed{4} \end{array}$
❽ $\begin{array}{r} \boxed{1} \\ 3\,5 \\ +\,4\,8 \\ \hline \boxed{8}\,\boxed{3} \end{array}$
❾ $\begin{array}{r} \boxed{1} \\ 1\,4 \\ +\,2\,9 \\ \hline \boxed{4}\,\boxed{3} \end{array}$

36 · 37

🌱 요정이 가리키고 있는 카드에 쓰인 계산을 하세요.

```
  3 6        2 7
+ 4 9      + 6 7
-----      -----
  8 5        9 4

       6 4
     + 1 8
     -----
       8 2

  3 9        4 8
+ 4 1      + 3 5
-----      -----
  8 0        8 3
```


🌱 빈 곳에 알맞은 수를 쓰세요.


```
     56
17 + 38  55
     26      17+38=55
     82
         56+26=82
```

공부한 날
월
일

①
```
     24
59 + 13  72
     68      59+13
     92
         24+68
```

②
```
     49
36 + 34  70
     25    36+34=70
     74
   49+25=74
```

③
```
     72
23 + 18  41
     19    23+18=41
     91
   72+19=91
```

④
```
     66
44 + 29  73
     17    44+29=73
     83
   66+17=83
```


38 · 39

368 십의 자리에서 받아올림이 있는 덧셈

태돌이가 수 모형을 사용하여 덧셈을 했어요.

$40 + 80 = \boxed{120}$

🌱 그림을 보고 ☐ 안에 알맞은 수를 쓰세요.

① $54 + 81 = \boxed{135}$

② $48 + 70 = \boxed{118}$

🌱 🪙을 10개 묶고 ☐ 안에 알맞은 수를 쓰세요.

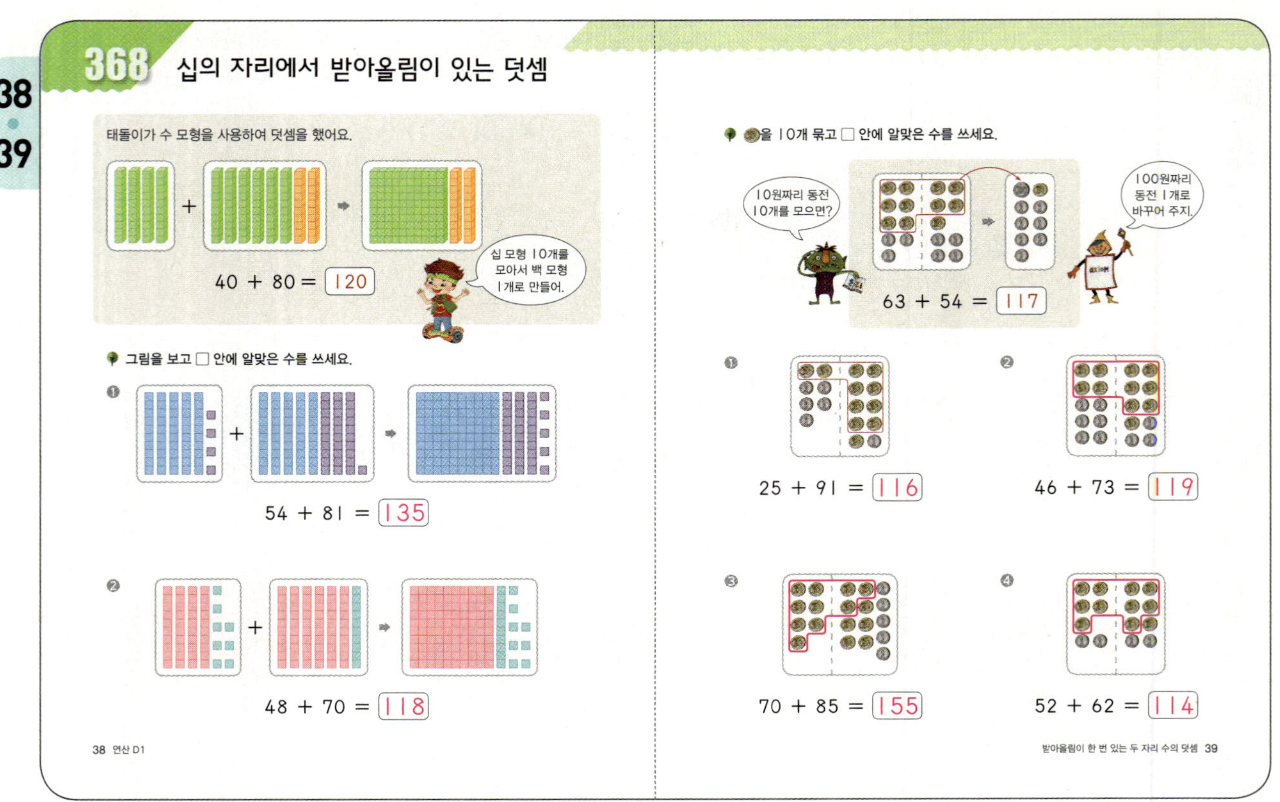

$63 + 54 = \boxed{117}$

① $25 + 91 = \boxed{116}$

② $46 + 73 = \boxed{119}$

③ $70 + 85 = \boxed{155}$

④ $52 + 62 = \boxed{114}$

우산에서 합이 가운데 수가 되는 두 수를 찾아 색칠하세요.

계산을 하세요.

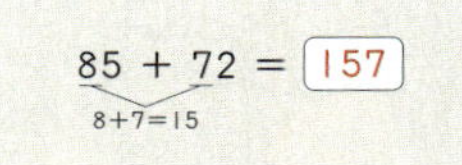

$$85 + 72 = 157$$
$$8+7=15$$

❶ $64 + 41 = 105$
$6+4=10$

❷ $52 + 93 = 145$
$5+9=14$

❸ $73 + 62 = 135$
$7+6=13$

❹ $37 + 40 = 127$
$8+4=12$

❺ $35 + 83 = 118$
$3+8=11$

❻ $94 + 71 = 165$
$9+7=16$

❼ $92 + 24 = 116$
$9+2=11$

❽ $66 + 81 = 147$
$6+8=14$

❾ $46 + 72 = 118$
$4+7=11$

❿ $53 + 54 = 107$
$5-5=10$

---

369 십의 자리에서 받아올림이 있는 세로셈

현우가 덧셈식을 세로셈으로 계산하려고 해요.

$$\begin{array}{r} 6\ 4 \\ +\ 7\ 1 \\ \hline \end{array}$$

$$64 + 71 = 135 \Rightarrow 1\ 3\ 5$$

□ 안에 알맞은 수를 쓰세요.

$$\begin{array}{r} 5\ 6 \\ +\ 8\ 2 \\ \hline 1\ 3\ 8 \end{array}$$
$$5+8 \quad 6+2$$

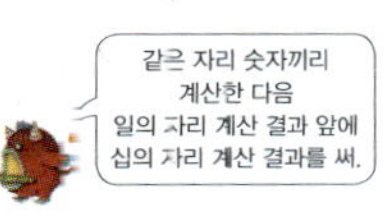

그림을 보고 □ 안에 알맞은 수를 쓰세요.

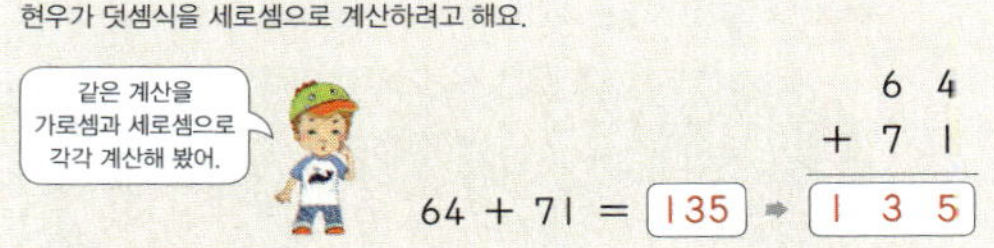

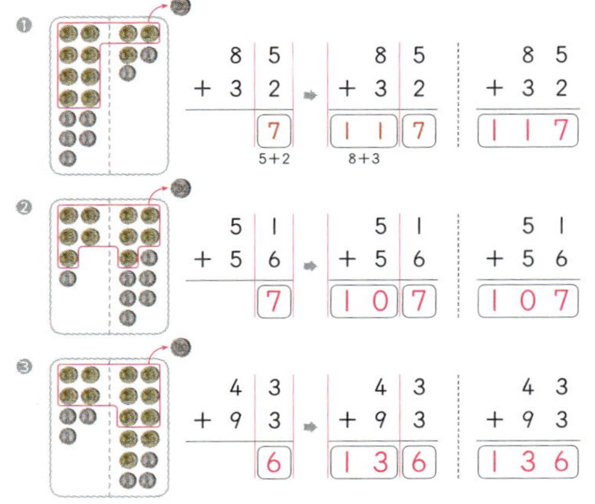

❶
$$\begin{array}{r} 8\ 5 \\ +\ 3\ 2 \\ \hline 7 \end{array} \Rightarrow \begin{array}{r} 8\ 5 \\ +\ 3\ 2 \\ \hline 1\ 1\ 7 \end{array} \quad \begin{array}{r} 8\ 5 \\ +\ 3\ 2 \\ \hline 1\ 1\ 7 \end{array}$$
$$5+2 \qquad 8+3$$

❷
$$\begin{array}{r} 5\ 1 \\ +\ 5\ 6 \\ \hline 7 \end{array} \Rightarrow \begin{array}{r} 5\ 1 \\ +\ 5\ 6 \\ \hline 1\ 0\ 7 \end{array} \quad \begin{array}{r} 5\ 1 \\ +\ 5\ 6 \\ \hline 1\ 0\ 7 \end{array}$$

❸
$$\begin{array}{r} 4\ 3 \\ +\ 9\ 3 \\ \hline 6 \end{array} \Rightarrow \begin{array}{r} 4\ 3 \\ +\ 9\ 3 \\ \hline 1\ 3\ 6 \end{array} \quad \begin{array}{r} 4\ 3 \\ +\ 9\ 3 \\ \hline 1\ 3\ 6 \end{array}$$

❶
$$\begin{array}{r} 9\ 1 \\ +\ 3\ 4 \\ \hline 1\ 2\ 5 \end{array}$$
$$9+3 \quad 1+4$$

❷
$$\begin{array}{r} 4\ 5 \\ +\ 6\ 3 \\ \hline 1\ 0\ 8 \end{array}$$

❸
$$\begin{array}{r} 7\ 2 \\ +\ 5\ 1 \\ \hline 1\ 2\ 3 \end{array}$$

❹
$$\begin{array}{r} 6\ 7 \\ +\ 8\ 0 \\ \hline 1\ 4\ 7 \end{array}$$

❺
$$\begin{array}{r} 5\ 3 \\ +\ 6\ 4 \\ \hline 1\ 1\ 7 \end{array}$$

❻
$$\begin{array}{r} 8\ 4 \\ +\ 8\ 2 \\ \hline 1\ 6\ 6 \end{array}$$

❼
$$\begin{array}{r} 2\ 7 \\ +\ 8\ 1 \\ \hline 1\ 0\ 8 \end{array}$$

❽
$$\begin{array}{r} 8\ 3 \\ +\ 9\ 5 \\ \hline 1\ 7\ 8 \end{array}$$

❾
$$\begin{array}{r} 3\ 5 \\ +\ 7\ 1 \\ \hline 1\ 0\ 6 \end{array}$$

44 · 45

🔹 눈사람이 덧셈 팻말을 들고 있어요. 계산을 하세요.

4 3 + 7 3 **1 1 6**	6 3 + 8 1 **1 4 4**	1 1 + 9 2 **1 0 3**
6 5 + 5 2 **1 1 7**	7 6 + 7 2 **1 4 8**	8 3 + 4 5 **1 2 8**

🔹 올바른 식이 되도록 선을 그으세요.

① 64 74 84 / + 82 / **156**

② 36 26 37 / 91 / **127**

③ 77 96 86 / 42 / **128**

④ 63 53 67 / 74 / **137**

공부한 날
월
일

46 · 47

370 재미있는 덧셈 연습

🔹 큐리와 태돌이가 수 블록 쌓기 놀이를 하고 있어요.

+	28	54
37	65	91
14	42	68

🔹 빈 곳에 알맞은 수를 쓰세요.

①
+	46	72
83	129	155
26	72	98

83+46=129,
83+72=155,
26+46=72,
26+72=98

②
+	93	48
15	108	63
32	125	80

15+93=108,
15+48=63,
32+93=125,
32+48=80

③
+	35	81
83	118	164
26	61	107

83+35=118,
83+81=164,
26+35=61,
26+81=107

④
+	75	92
42	117	134
17	92	109

42+75=117,
42+92=134,
17+75=92,
17+92=109

🔹 계산 결과를 따라 선을 그어 강아지 집을 찾아보세요.

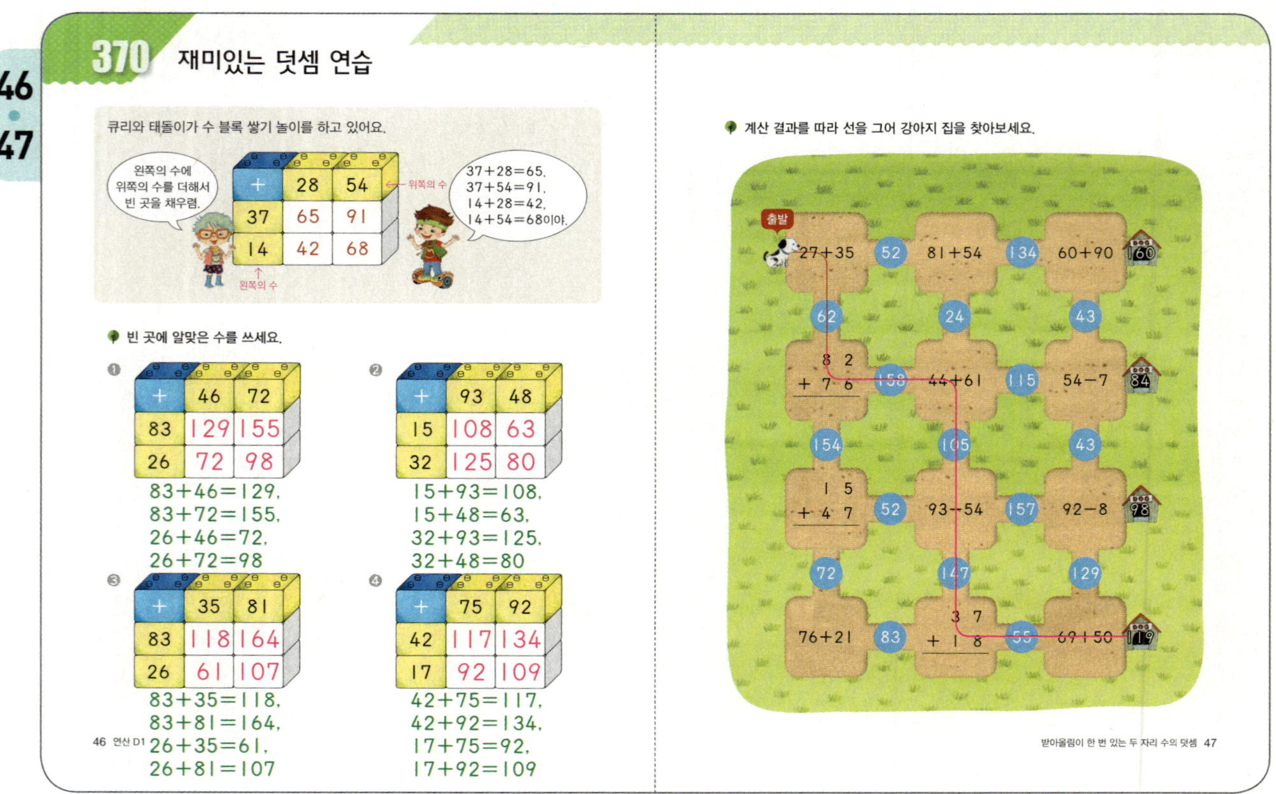

🌳 계산 결과를 찾아 선으로 이으세요.

27+18
71+43
114
36+25
45
61
48+45
14+95
109
93
53+72
125

🌳 ☐ 안에 알맞은 수를 쓰세요.

① 75 57 44 62
18+57   18   18+44
22
40
18+22

② 92 29 82 145
63−29   63   63+82
=92   43   =145
106
63+43=106

③ 106 61 38 83
45+61   45   45+38
=106   17   =83
62
45+17=62

④ 107 80 59 88
29+80   29   29+59
=109   14   =88
43
29+14=43

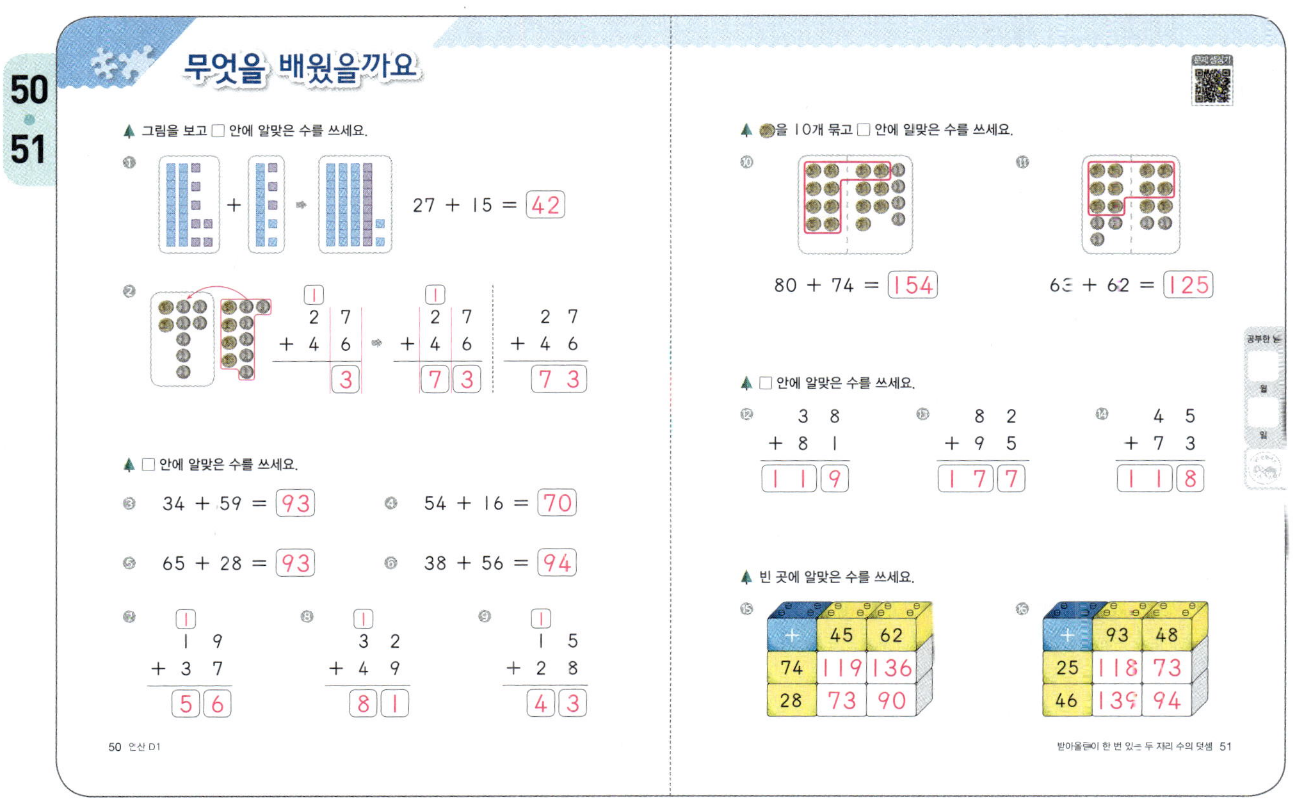

❄️ 무엇을 배웠을까요

🌲 그림을 보고 ☐ 안에 알맞은 수를 쓰세요.

① 27 + 15 = 42

②
```
  2 7        2 7        2 7
+ 4 6   →  + 4 6      + 4 6
    3        7 3        7 3
```

🌲 ☐ 안에 알맞은 수를 쓰세요.

③ 34 + 59 = 93
④ 54 + 16 = 70
⑤ 65 + 28 = 93
⑥ 38 + 56 = 94

⑦
```
  1 9
+ 3 7
  5 6
```
⑧
```
  3 2
+ 4 9
  8 1
```
⑨
```
  1 5
+ 2 8
  4 3
```

🌲 🔵을 10개 묶고 ☐ 안에 알맞은 수를 쓰세요.

⑩ 80 + 74 = 154

⑪ 63 + 62 = 125

🌲 ☐ 안에 알맞은 수를 쓰세요.

⑫
```
  3 8
+ 8 1
1 1 9
```
⑬
```
  8 2
+ 9 5
1 7 7
```
⑭
```
  4 5
+ 7 3
1 1 8
```

🌲 빈 곳에 알맞은 수를 쓰세요.

⑮
+	45	62
74	119	136
28	73	90

⑯
+	93	48
25	118	73
46	139	94

371 몇십과 몇으로 나누어 더하기

54 · 55

태돌이가 새로운 덧셈 방법을 찾았다고 해요.

🍀 태돌이의 방법으로 덧셈을 하려고 해요. □ 안에 알맞은 수를 쓰세요.

❶ 25 ＋ 37
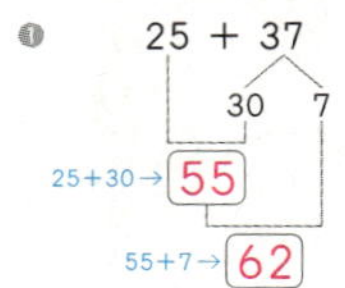

❷ 44 ＋ 49
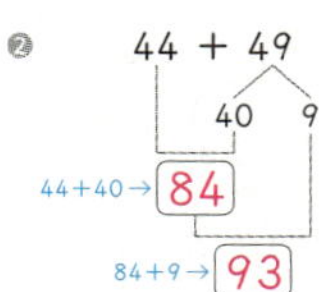

❸ 16 ＋ 66
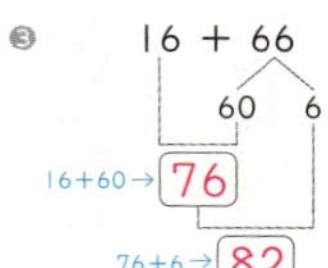

❹ 14 ＋ 28
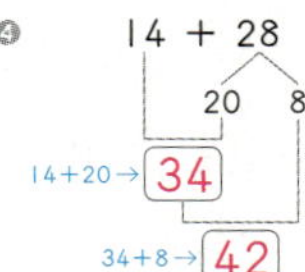

🍀 □ 안에 알맞은 수를 쓰세요.

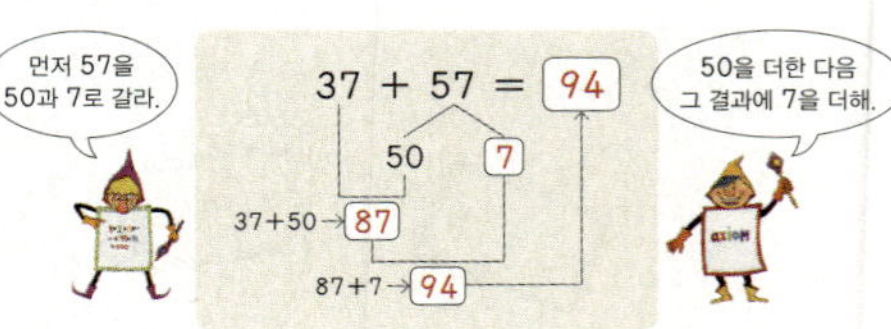

❶ 45 ＋ 26 ＝ 71
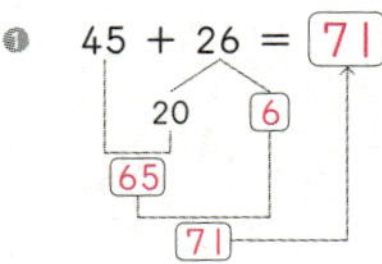

❷ 35 ＋ 16 ＝ 51
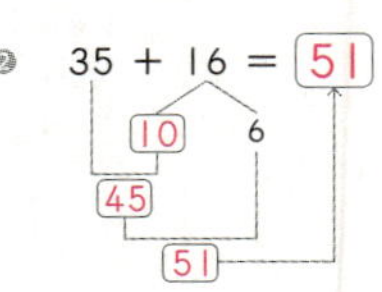

❸ 19 ＋ 57 ＝ 76

❹ 28 ＋ 34 ＝ 62
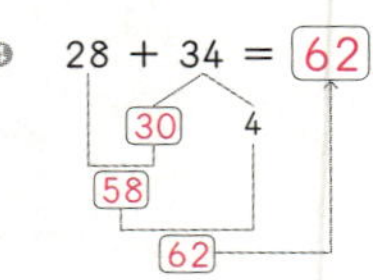

---

56 · 57

티나는 덧셈을 하고 식으로 나타냈어요.

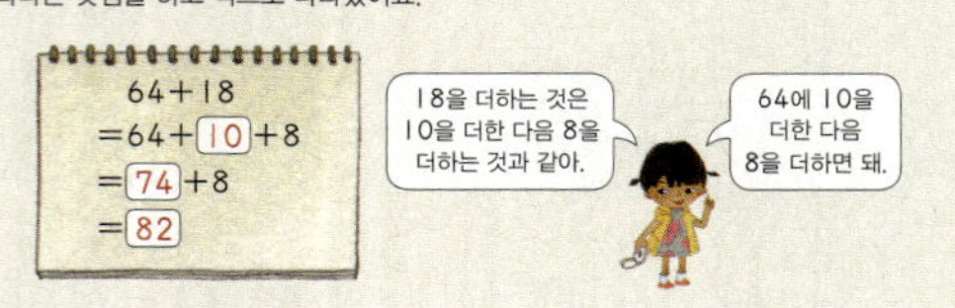

🍀 □ 안에 알맞은 수를 쓰세요.

❶ 26 ＋ 38
= 26 ＋ 30 ＋ 8　(＋38은 ＋30＋8과 같아요.)
= 56 ＋ 8　　(26＋30을 먼저 계산해요.)
= 64　　　(위 계산 결과에 8을 더해요.)

❷ 49 ＋ 17
= 49 ＋ 10 ＋ 7　(＋17은 ＋10＋7과 같아요.)
= 59 ＋ 7　　(49＋10을 먼저 계산해요.)
= 66　　　(위 계산 결과에 7을 더해요.)

🍀 □ 안에 알맞은 수를 쓰세요.

66 ＋ 25
= 66 ＋ 20 ＋ 5
= 86 ＋ 5
= 91

❶ 37 ＋ 24
= 37 ＋ 20 ＋ 4
= 57 ＋ 4
= 61

❷ 48 ＋ 35
= 48 ＋ 30 ＋ 5
= 78 ＋ 5
= 83

❸ 59 ＋ 17
= 59 ＋ 10 ＋ 7
= 69 ＋ 7
= 76

❹ 25 ＋ 67
= 25 ＋ 60 ＋ 7
= 85 ＋ 7
= 92

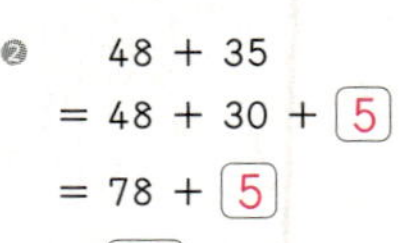

372 더하고 빼어 덧셈하기

큐리가 새로운 덧셈 방법을 찾았다고 해요.

🌱 큐리의 방법으로 덧셈을 하려고 해요. ☐ 안에 알맞은 수를 쓰세요.

① 17 + 68 = 85
70 −2
87
85

② 54 + 19 = 73
20 −1
74
73

③ 35 + 37 = 72
40 −3
75
72

④ 46 + 29 = 75
30 −1
76
75

🌱 더하고 빼어 덧셈을 하려고 해요. ☐ 안에 알맞은 수를 쓰세요.

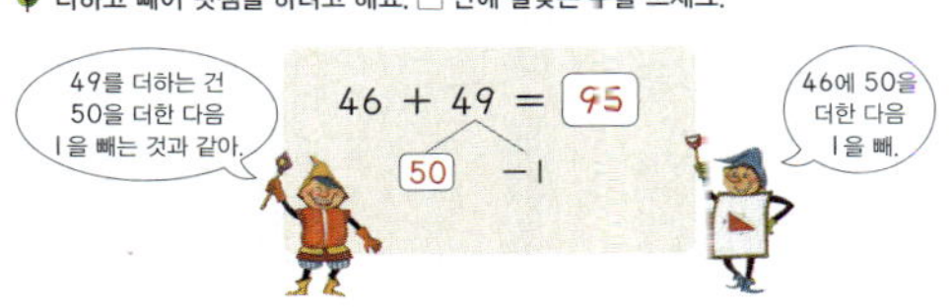

① 33 + 28 = 61
30 −2

② 38 + 19 = 57
20 −1

③ 19 + 47 = 66
50 −3

④ 24 + 57 = 81
60 −3

⑤ 56 + 38 = 94
40 −2

⑥ 18 + 68 = 86
70 −2

현우는 덧셈을 하고 식으로 나타냈어요.

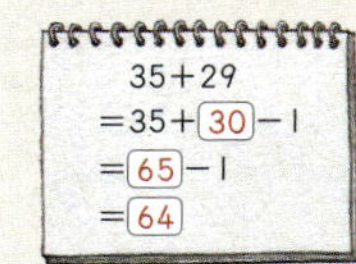

🌱 ☐ 안에 알맞은 수를 쓰세요.

① 24 + 47
= 24 + 50 − 3 (+47은 +50−3과 같아요.)
= 74 − 3 (24+50을 먼저 계산해요.)
= 71 (위 계산 결과에서 3을 빼요.)

② 56 + 18
= 56 + 20 − 2 (+18은 +20−2와 같아요.)
= 76 − 2 (56+20을 먼저 계산해요.)
= 74 (위 계산 결과에서 2를 빼요.)

🌱 ☐ 안에 알맞은 수를 쓰세요.

48 + 38
= 48 + 40 − 2
= 88 − 2
= 86

① 26 + 29
= 26 + 30 − 1
= 56 − 1
= 55

② 18 + 57
= 18 + 60 − 3
= 78 − 3
= 75

③ 45 + 28
= 45 + 30 − 2
= 75 − 2
= 73

④ 54 + 19
= 54 + 20 − 1
= 74 − 1
= 73

62 · 63

373 같은 수를 더하고 빼어 덧셈하기

태돌이가 수 모형을 사용하여 덧셈을 했어요. □ 안에 알맞은 수를 쓰세요.

같은 수를 빼고 더하여 덧셈을 하려고 해요. □ 안에 알맞은 수를 쓰세요.

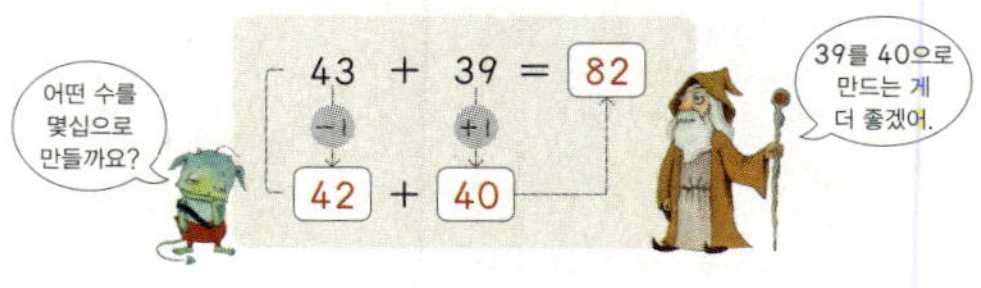

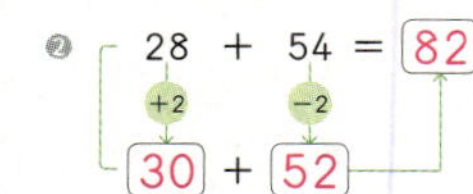

❶ 17 + 38 = 55
  −2   +2
  15 + 40

❷ 28 + 54 = 82
  +2   −2
  30 + 52

❸ 31 + 19 = 50
  −1   +1
  30 + 20

❹ 15 + 29 = 44
  −1   +1
  14 + 30

❺ 24 + 48 = 72
  −2   +2
  22 + 50

❻ 59 + 33 = 92
  +1   −1
  60 + 32

---

64 · 65

태돌이와 현우가 동물들의 집을 찾아 주려고 해요.

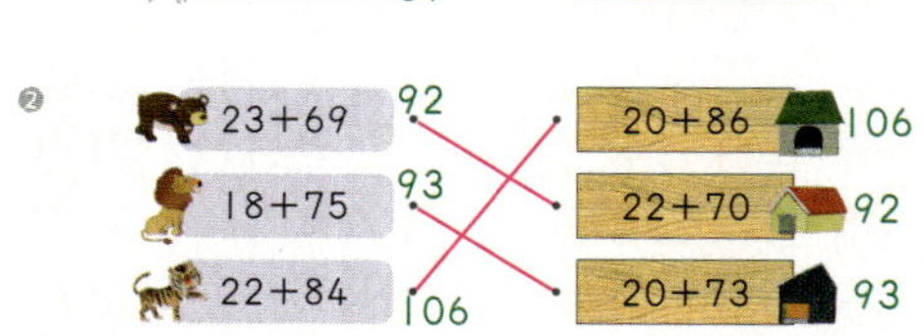

계산 결과가 같은 것끼리 선으로 이으세요.

❶
54+38   92
49+33   82
51+36   87
52+40   92
50+37   87
50+32   82

❷
23+69   92
18+75   93
22+84   106
20+86   106
22+70   92
20+73   93

□ 안에 알맞은 수를 쓰세요.

❶ 29 + 62
  = 30 + 61
  = 91

❷ 43 + 49
  = 42 + 50
  = 92

❸ 38 + 44
  = 40 + 42
  = 82

❹ 13 + 38
  = 11 + 40
  = 51

❺ 49 + 45
  = 50 + 44
  = 94

❻ 25 + 47
  = 22 + 50
  = 72

공부한 날
월
일

374 여러 가지 방법으로 덧셈하기

큐리와 티나가 덧셈 방법에 대해 이야기하고 있어요.

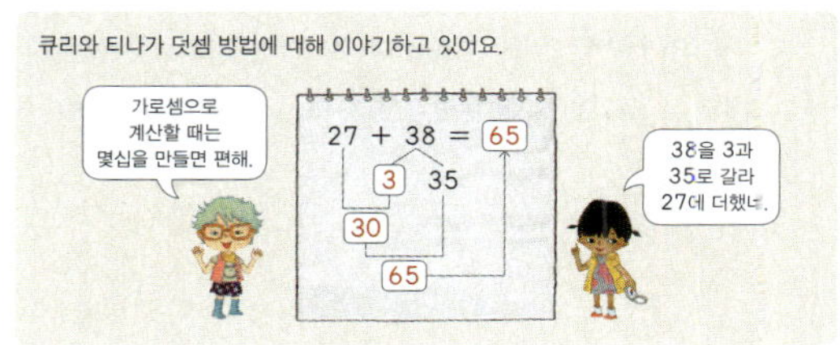

🌱 큐리가 설명한 방법으로 덧셈을 하려고 해요. □ 안에 알맞은 수를 쓰세요.

❶ 15 + 27 = 42
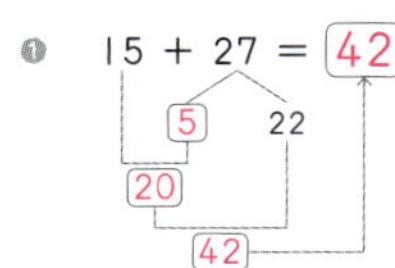

❷ 16 + 47 = 63
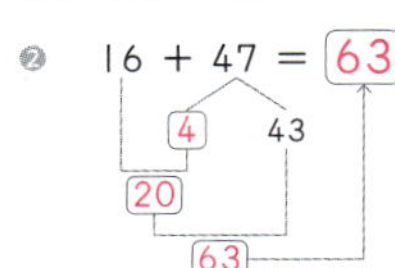

❸ 37 + 29 = 66
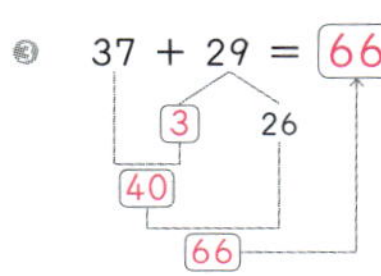

❹ 58 + 34 = 92

🌱 몇십을 만들어 덧셈을 하려고 해요. □ 안에 알맞은 수를 쓰세요.

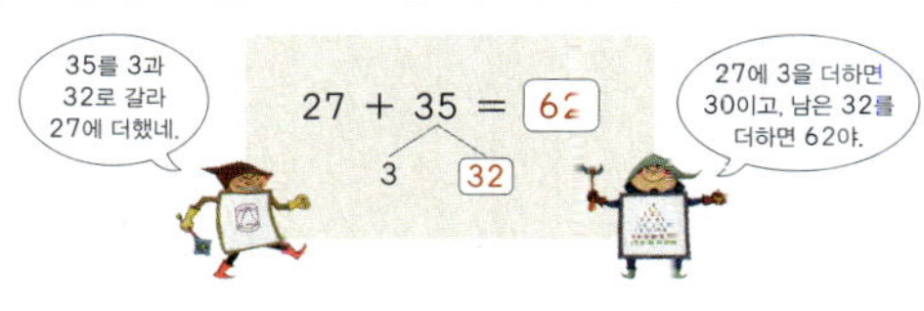

❶ 47 + 36 = 83
3 33

❷ 55 − 18 = 73
53 2

❸ 39 + 25 = 64
1 24

❹ 38 + 24 = 62
32 6

❺ 17 + 56 = 73
3 53

❻ 26 + 28 = 54
24 2

친구들이 하나의 덧셈식을 여러 가지 방법으로 계산했어요.

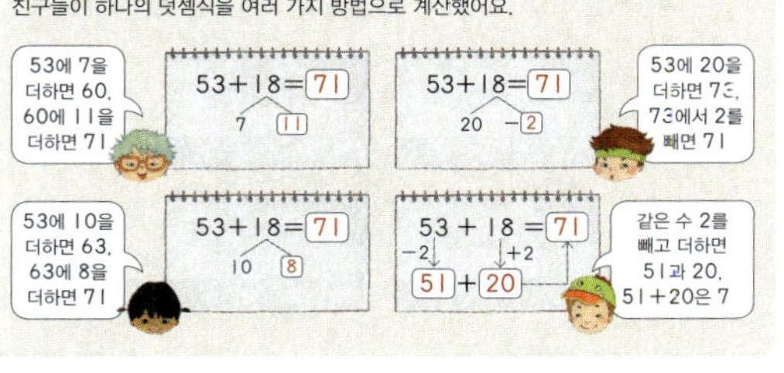

🌱 28+57을 여러 가지 방법으로 계산하려고 해요. □ 안에 알맞은 수를 쓰세요.

❶ 28 + 57 = 85
50 7

❷ 28 + 57 = 85
2 55

❸ 28 + 57 = 85
60 −3

❹ 28 + 57 = 85
+2 −2
30 + 55

🌱 여러 가지 방법으로 덧셈을 하려고 해요. □ 안에 알맞은 수를 쓰세요.

❶ 67 + 18 = 85
20 −2

❷ 36 + 29 = 85
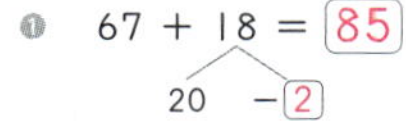

❸ 15 + 47 = 62
40 7

❹ 45 + 24 = 72
2 22

❺ 33 + 49 = 82
50 −1

❻ 47 + 45 = 92
3 42

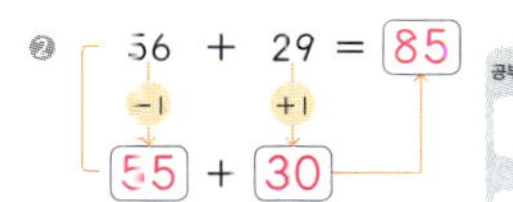
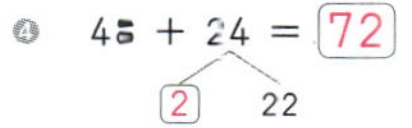

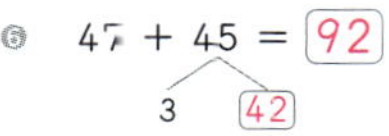

무엇을 배웠을까요

🌲 □ 안에 알맞은 수를 쓰세요.

① $35 + 27 = \boxed{62}$
20 　 $\boxed{7}$
$\boxed{55}$
$\boxed{62}$

② $56 + 14 = \boxed{70}$
$\boxed{10}$ 　 4
$\boxed{66}$
$\boxed{70}$

③ $49 + 17$
$= 49 + 10 + 7$
$= \boxed{59} + 7 = \boxed{66}$

④ $25 + 68$
$= 25 + 60 + \boxed{8}$
$= 85 + \boxed{8} = \boxed{93}$

🌲 더하고 빼어 덧셈을 하려고 해요. □ 안에 알맞은 수를 쓰세요.

⑤ $36 + 48 = \boxed{84}$
$\boxed{50}$ 　 -2

⑥ $19 + 67 = \boxed{86}$
70 　 $\boxed{3}$

⑦ $45 + 29$
$= 45 + 30 - 1$
$= \boxed{75} - 1 = \boxed{74}$

⑧ $54 + 16$
$= 54 + 20 - 4$
$= 74 - \boxed{4} = \boxed{70}$

🌲 같은 수를 빼고 더하여 덧셈을 하려고 해요. □ 안에 알맞은 수를 쓰세요.

⑨ $14 + 28 = \boxed{42}$
-2 　 $+2$
$\boxed{12} + \boxed{30}$

⑩ $69 + 23 = \boxed{92}$
$+1$ 　 -1
$\boxed{70} + \boxed{22}$

🌲 몇십을 만들어 덧셈을 하려고 해요. □ 안에 알맞은 수를 쓰세요.

⑪ $55 + 16 = \boxed{71}$
$\boxed{5}$ 　 11
$\boxed{60}$
$\boxed{71}$

⑫ $17 + 57 = \boxed{74}$
$\boxed{3}$ 　 54
$\boxed{20}$
$\boxed{74}$

🌲 여러 가지 방법으로 덧셈을 하려고 해요. □ 안에 알맞은 수를 쓰세요.

⑬ $28 + 47 = \boxed{75}$
50 　 -3

⑭ $48 + 36 = \boxed{84}$
$\boxed{2}$ 　 34

---

375 받아올림이 2번 있는 덧셈

티나가 두 자리 수의 덧셈식을 보고 있어요.

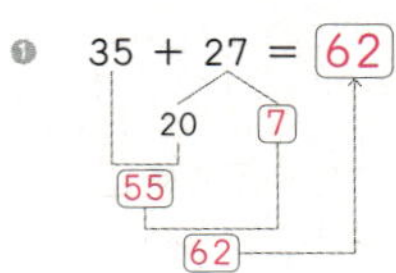

🌱 각 자리 숫자의 합을 생각하여 받아올림이 있는 자리에 모두 ○표 하세요.

① $61+83$
일 ㉧십

② $95+45$
㉧일 ㉧십

③ $72+41$
일 ㉧십

④ $16+38$
㉧일 십

⑤ $39+97$
㉧일 ㉧십

⑥ $27+56$
㉧일 십

🌲 받아올림이 1번 있는 식에 ○표, 2번 있는 식에 △표 하세요.

① $84+62$
$33+45$
$98+76$

② $53+34$
$71+19$
$46+87$

③ $75+68$
$26+36$
$11+45$

④ $59+74$
$42+17$
$67+26$

현우가 수 모형을 사용하여 계산을 했어요.

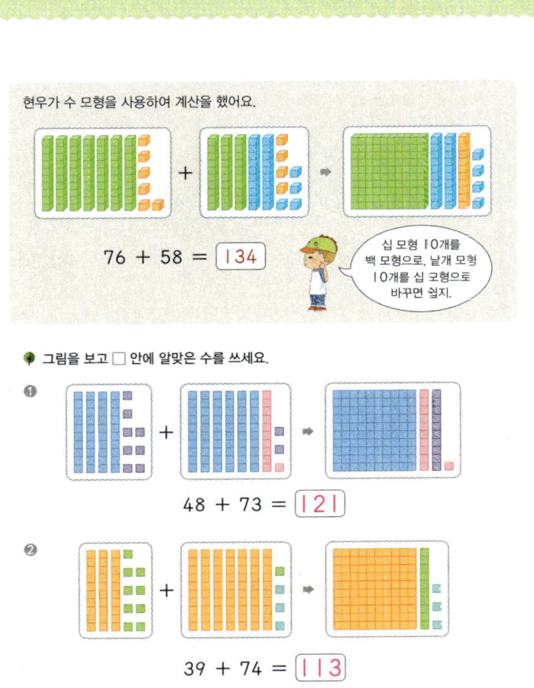

$76 + 58 = 134$

● 그림을 보고 ☐ 안에 알맞은 수를 쓰세요.

❶
$48 + 73 = 121$

❷
$39 + 74 = 113$

● ①, ⑩을 각각 10개씩 묶고 ☐ 안에 알맞은 수를 스세요.

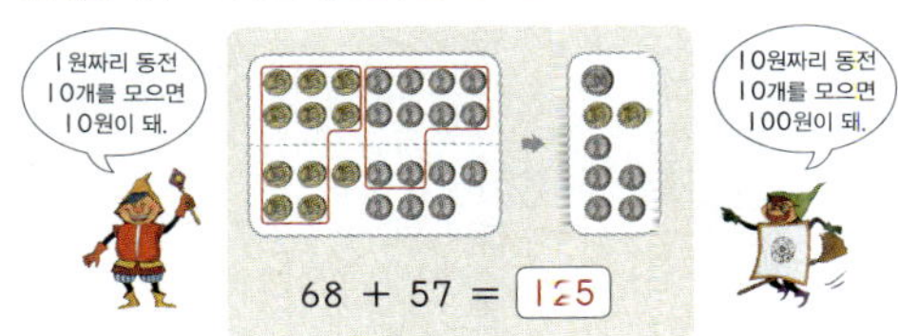

$68 + 57 = 125$

❶ 
$28 + 95 = 123$

❷ 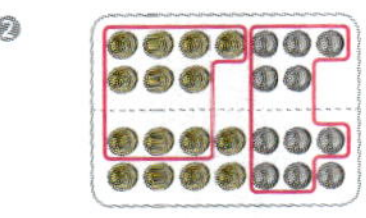
$75 + 86 = 161$

❸
$69 + 54 = 123$

❹
$84 + 56 = 140$

---

376 받아올림이 2번 있는 세로셈

태돌이와 현우가 세로셈을 했어요.

$$\begin{array}{r} \overset{1}{} 7\ 5 \\ +\ 4\ 8 \\ \hline 3 \end{array}$$
5+8

$$\begin{array}{r} \overset{1}{} 7\ 5 \\ +\ 4\ 8 \\ \hline 1\ 2\ 3 \end{array}$$
1+7+4

$$\begin{array}{r} 7\ 5 \\ +\ 4\ 8 \\ \hline 1\ 2\ 3 \end{array}$$

● ☐ 안에 알맞은 수를 쓰세요.

❶
$$\begin{array}{r} 8\ 6 \\ +\ 5\ 9 \\ \hline 5 \end{array}$$
6+9

$$\begin{array}{r} 8\ 6 \\ +\ 5\ 9 \\ \hline 1\ 4\ 5 \end{array}$$
1+8+5

$$\begin{array}{r} 8\ 6 \\ +\ 5\ 9 \\ \hline 1\ 4\ 5 \end{array}$$

❷
$$\begin{array}{r} 9\ 4 \\ +\ 6\ 8 \\ \hline 2 \end{array}$$

$$\begin{array}{r} 9\ 4 \\ +\ 6\ 8 \\ \hline 1\ 6\ 2 \end{array}$$

$$\begin{array}{r} 9\ 4 \\ +\ 6\ 8 \\ \hline 1\ 6\ 2 \end{array}$$

● ☐ 안에 알맞은 수를 쓰세요.

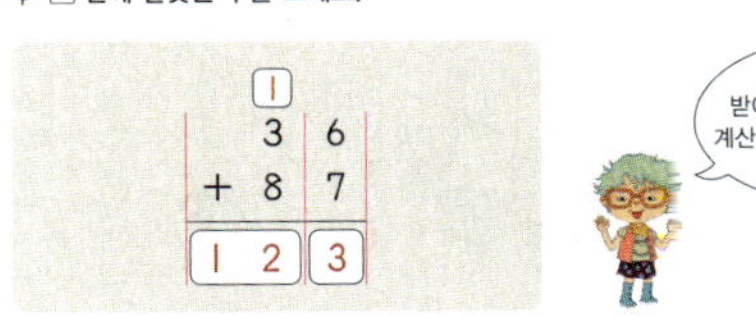

$$\begin{array}{r} 3\ 6 \\ +\ 8\ 7 \\ \hline 1\ 2\ 3 \end{array}$$

❶
$$\begin{array}{r} 4\ 8 \\ +\ 6\ 5 \\ \hline 1\ 1\ 3 \end{array}$$

❷
$$\begin{array}{r} 8\ 9 \\ +\ 4\ 6 \\ \hline 1\ 3\ 5 \end{array}$$

❸
$$\begin{array}{r} 7\ 4 \\ +\ 5\ 9 \\ \hline 1\ 3\ 3 \end{array}$$

❹
$$\begin{array}{r} 6\ 5 \\ +\ 5\ 6 \\ \hline 1\ 2\ 1 \end{array}$$

❺
$$\begin{array}{r} 5\ 4 \\ +\ 5\ 6 \\ \hline 1\ 1\ 0 \end{array}$$

❻
$$\begin{array}{r} 5\ 8 \\ +\ 6\ 3 \\ \hline 1\ 2\ 1 \end{array}$$

❼
$$\begin{array}{r} 9\ 6 \\ +\ 2\ 9 \\ \hline 1\ 2\ 5 \end{array}$$

❽
$$\begin{array}{r} 8\ 5 \\ +\ 7\ 9 \\ \hline 1\ 6\ 4 \end{array}$$

❾
$$\begin{array}{r} 4\ 3 \\ +\ 9\ 9 \\ \hline 1\ 4\ 2 \end{array}$$

80 · 81

🍀 계산 결과가 같은 것끼리 선으로 이으세요.

```
  8 6          6 4
  8 7        + 6 6
  1 7 3        1 3 0

  5 2            7 6
  7 8        + 9 7
  1 3 0        1 7 3

  4 9            8 6
  7 3        + 7 6
  1 2 2        1 6 2

  7 5            3 5
  3 5        + 8 7
  1 1 0        1 2 2

  6 5            2 4
  9 7        + 8 6
  1 6 2        1 1 0
```


🍀 빈 곳에 알맞은 수를 쓰세요.

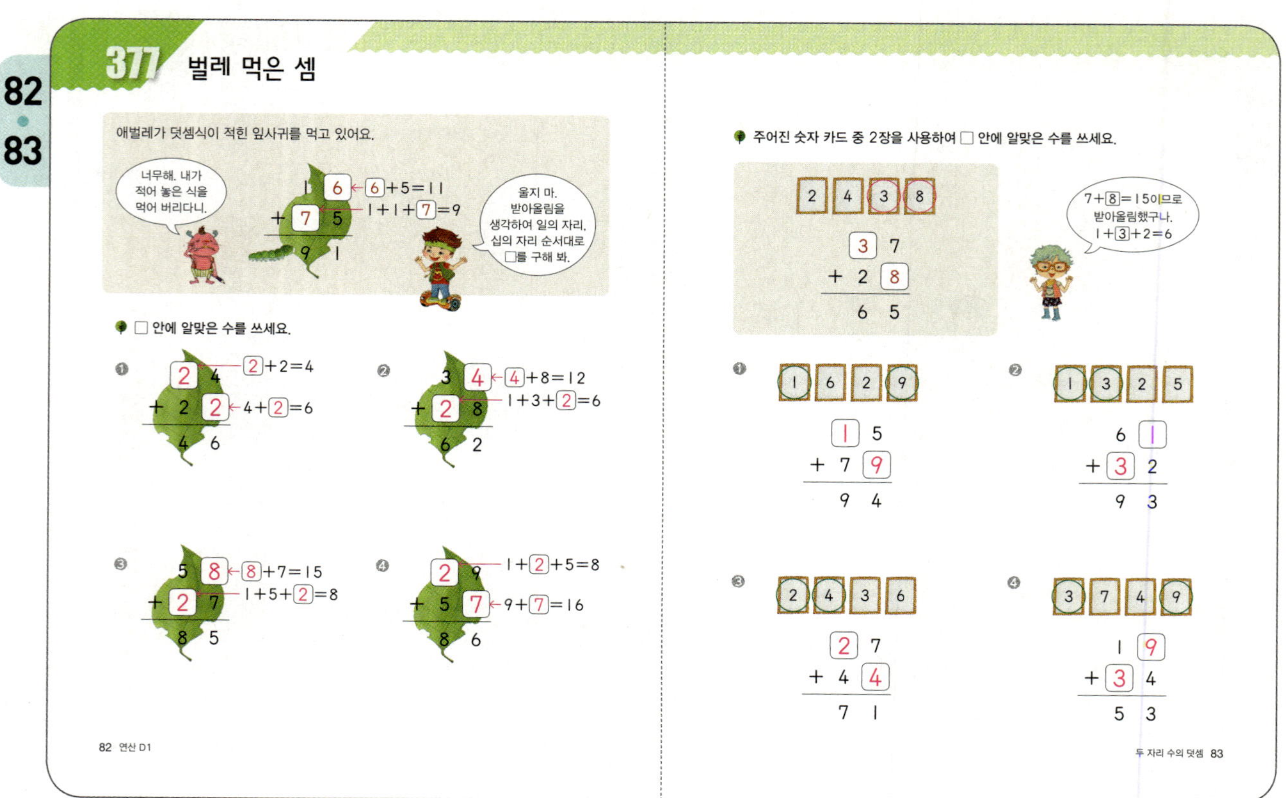

공부한 날 월 일

82 · 83

377 벌레 먹은 셈

애벌레가 덧셈식이 적힌 잎사귀를 먹고 있어요.

🍀 □ 안에 알맞은 수를 쓰세요.

```
①  2 4  ← 2+2=4        ②  3 4  ← 4+8=12
 + 2 2  ← 4+2=6         + 2 8  ← 1+3+2=6
   4 6                    6 2

③  5 8  ← 8+7=15       ④  2 9  ← 1+2+5=8
 + 2 7  ← 1+5+2=8       + 5 7  ← 9+7=16
   8 5                    8 6
```


🍀 주어진 숫자 카드 중 2장을 사용하여 □ 안에 알맞은 수를 쓰세요.

```
 2  4  3  8

   3 7
 + 2 8
   6 5
```



```
①  1 6 2 9          ②  1 3 2 5
     1 5                6 1
   + 7 9              + 3 2
     9 4                9 3

③  2 4 3 6          ④  3 7 4 9
     2 7                1 9
   + 4 4              + 3 4
     7 1                5 3
```

378 재미있는 덧셈 연습 (1)

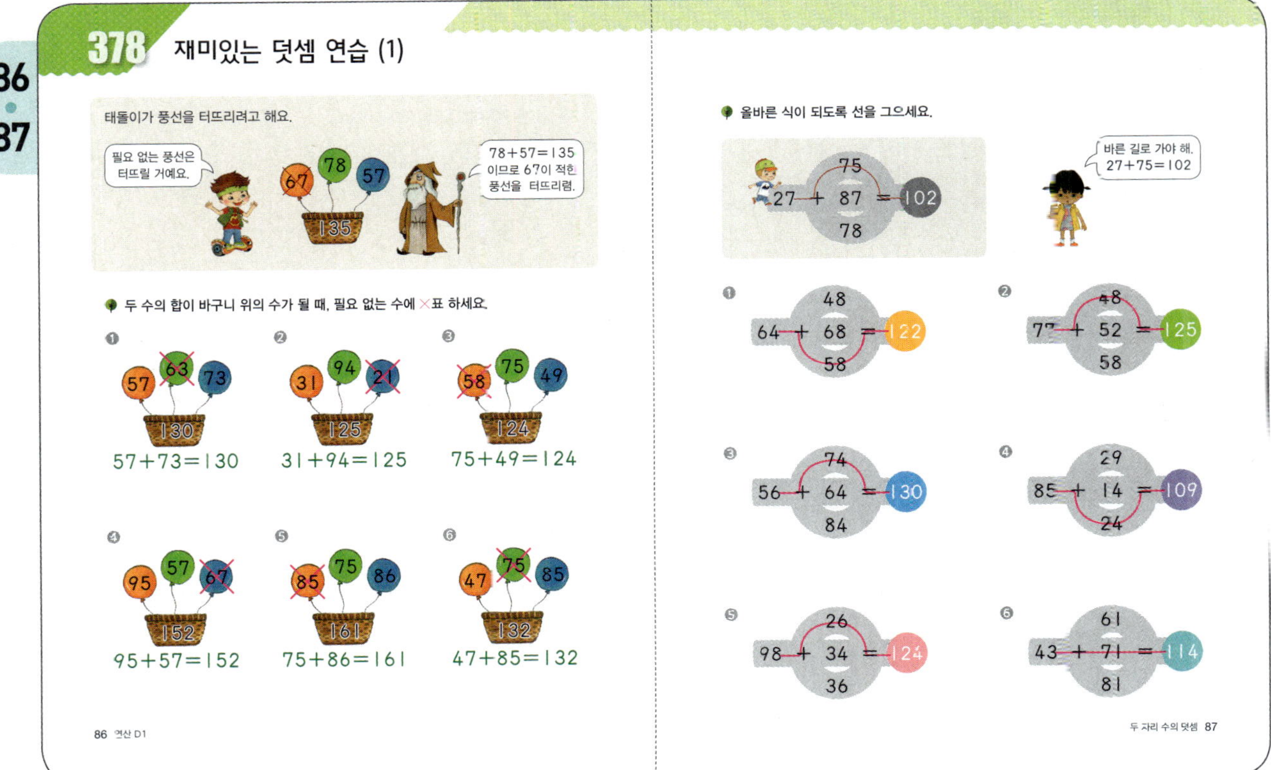

88 · 89

❖ 계산 결과가 같은 것끼리 선으로 이으세요.

88 연산 D1

❖ 빈칸에 알맞은 수를 쓰세요.

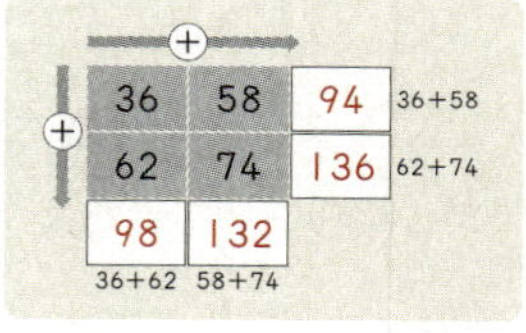

① 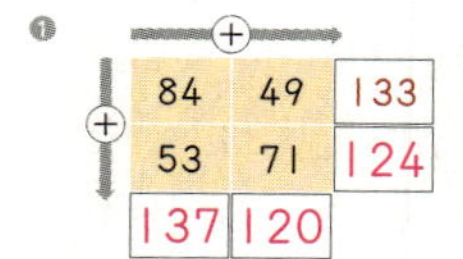

② 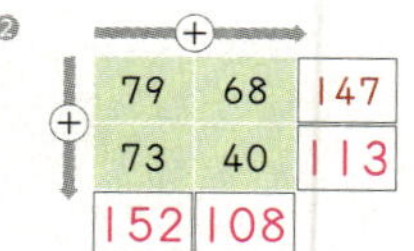

③ 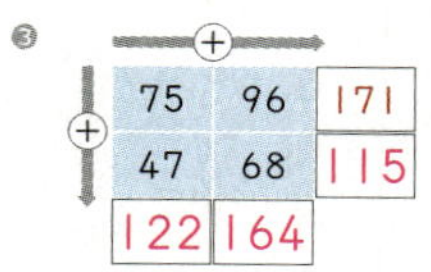

④ 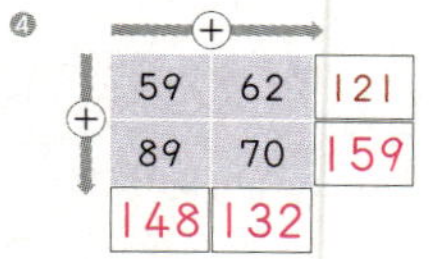

공부한 날
월
일

두 자리 수의 덧셈 89

---

90 · 91

379 편리한 방법으로 덧셈하기

태돌이와 현우가 빠르고 정확하게 계산하는 방법을 알려 줘요.

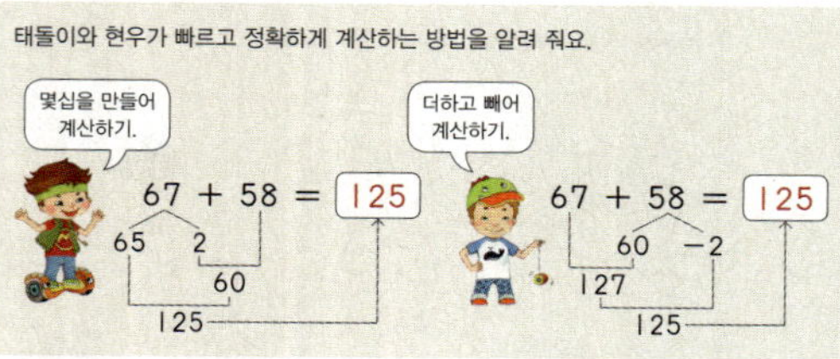

❖ 각자 편리한 방법으로 계산을 하세요.

① 28 + 15 = 43

② 41 + 27 = 68

③ 72 + 41 = 113

④ 64 + 18 = 82

⑤ 47 + 36 = 83

⑥ 36 + 49 = 85

⑦ 53 + 64 = 117

⑧ 85 + 61 = 146

90 연산 D1

❖ 편리한 방법으로 덧셈을 하세요.

17 + 85 = 102

① 35 + 29 = 64

② 16 + 81 = 97

③ 41 + 46 = 87

④ 78 + 59 = 137

⑤ 63 + 95 = 158

⑥ 52 + 27 = 79

⑦ 74 + 18 = 92

⑧ 25 + 56 = 81

⑨ 93 + 43 = 136

⑩ 64 + 71 = 135

두 자리 수의 덧셈 91

🌱 큐리가 세로셈 방법을 알려 주었어요. □ 안에 알맞은 수를 쓰세요.

🌱 계산을 하세요.

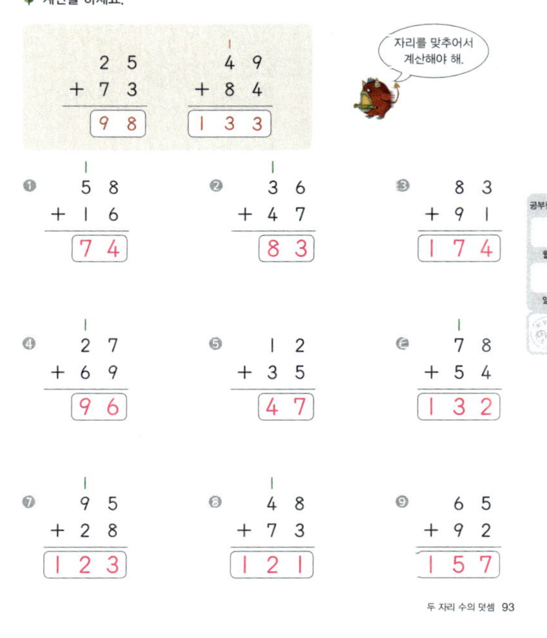

공부한 날
월 일

---

380 재미있는 덧셈 연습 (2)

🌱 합이 지붕 위의 수가 되는 두 수를 찾아 색칠하세요.

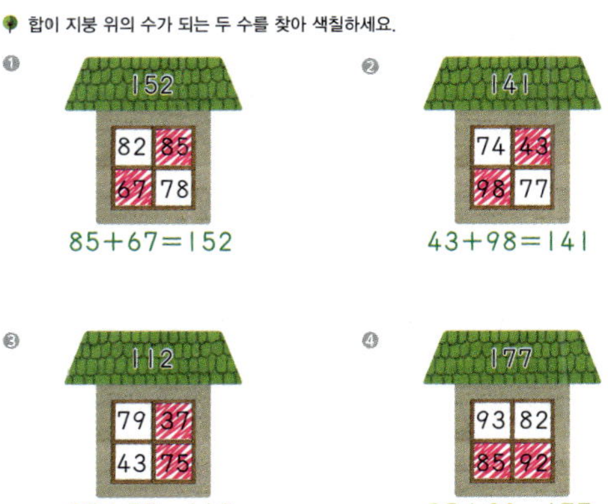

🌱 빈칸에 알맞은 수를 쓰세요.

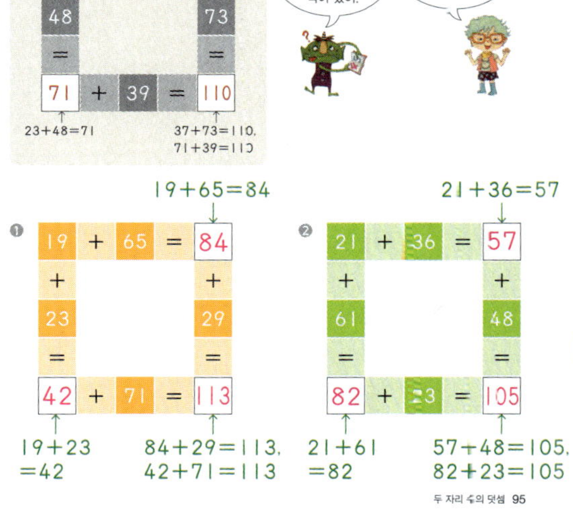

96 · 97

태돌이가 올바른 식이 되는 길을 따라 달리기를 했어요.

🌳 올바른 길을 따라 선을 그으세요.

① 28 / $23 + 37 = 51$ / 38

② 46 / $74 + 47 = 121$ / 49

③ 47 / $39 + 46 = 86$ / 45

④ 78 / $67 + 81 = 148$ / 85

⑤ 86 / $74 + 78 = 150$ / 76

⑥ 69 / $55 + 79 = 134$ / 89

🌳 아래 두 수의 합을 위의 빈 곳에 쓰세요.

① 142 / 68 74 / 45 23 51
45+23→68 74←23+51
$45+23=68$, $23+51=74$,
$68+74=142$

② 180 / 89 91 / 14 75 16
$14+75=89$, $75+16=91$,
$89+91=180$

③ 182 / 98 84 / 52 46 38
$52+46=98$, $46+38=84$,
$98+84=182$

④ 95 / 41 54 / 28 13 41
$28+13=41$, $13+41=54$,
$41+54=95$

⑤ 105 / 64 41 / 33 31 10
$33+31=64$, $31+10=41$,
$64+41=105$

⑥ 116 / 70 46 / 43 27 19
$43+27=70$, $27+19=46$,
$70+46=116$

---

98 · 99

무엇을 배웠을까요

🌲 각 자리 숫자의 합을 생각하여 받아올림이 있는 자리에 모두 ○표 하세요.

① 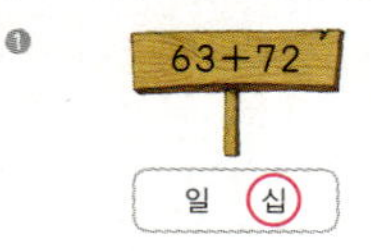 $63+72$
일 (십)

②  $95+36$
일 (십)

🌲 □ 안에 알맞은 수를 쓰세요.

③
```
  1
  4 8
+ 5 6
-----
1 0 4
```

④
```
  1
  8 9
+ 4 7
-----
1 3 6
```

⑤
```
  1
  7 3
+ 5 9
-----
1 3 2
```

🌲 주어진 숫자 카드 중 2장을 사용하여 □ 안에 알맞은 수를 쓰세요.

⑥  2 4 3 6
```
  2 8
+ 4 3
-----
  7 1
```

⑦  4 8 5 9
```
  1 8
+ 4 4
-----
  6 2
```


🌲 올바른 식이 되도록 선을 그으세요.

⑧ 76 / $58 + 66 = 124$ / 86

⑨ 27 / $87 + 28 = 104$ / 17

🌲 편리한 방법으로 덧셈을 하세요.

⑩ $93 + 54 = 147$

⑪ $84 + 72 = 156$

🌲 빈칸에 알맞은 수를 쓰세요.

⑫ 
$18 + 34 = 52$
$+$ $+$
23 60
$=$ $=$
$41 + 71 = 112$

⑬ 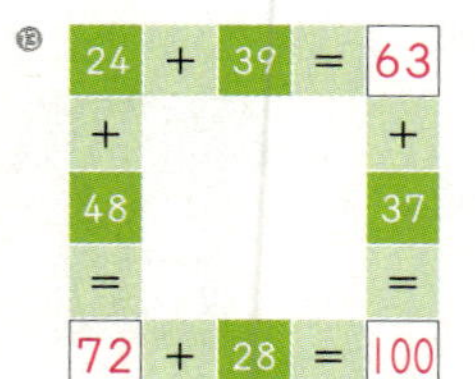
$24 + 39 = 63$
$+$ $+$
48 37
$=$ $=$
$72 + 28 = 100$

받아올림이 없는 두 자리 수의 덧셈

관련 쪽수: 6~27쪽

✛ 계산을 하세요.

❶ 51 + 20 = 71

❷ 32 + 60 = 92

❸ 11 + 70 = 81

❹ 68 + 10 = 78

❺ 43 + 40 = 83

❻ 24 + 72 = 96

❼ 58 + 21 = 79

❽ 48 + 30 = 78

❾ 31 + 56 = 87

❿ 65 + 13 = 78

⓫ 52 + 24 = 76

⓬ 46 + 32 = 78

⓭ 31 + 45 = 76

⓮ 65 + 14 = 79

✛ 계산을 하세요.

⓯ 50 + 27 = 77

⓰ 48 + 30 = 78

⓱ 72 + 14 = 86

⓲ 64 + 25 = 89

⓳ 33 + 45 = 78

⓴ 28 + 50 = 78

㉑ 56 + 23 = 79

㉒ 13 + 74 = 87

㉓ 85 + 12 = 97

㉔ 52 + 43 = 95

㉕ 22 + 76 = 98

㉖ 85 + 13 = 98

받아올림이 한 번 있는 두 자리 수의 덧셈

관련 쪽수: 30~51쪽

✛ □ 안에 알맞은 수를 쓰세요.

❶ 48 + 27 = 75 (받아올림 1)

❷ 19 + 18 = 37 (받아올림 1)

❸ 39 + 52 = 91 (받아올림 1)

❹ 65 + 15 = 80 (받아올림 1)

❺ 57 + 37 = 94 (받아올림 1)

❻ 26 + 67 = 93 (받아올림 1)

❼ 63 + 28 = 91

❽ 36 + 46 = 82

❾ 24 + 28 = 52

❿ 49 + 39 = 88

⓫ 27 + 66 = 93

⓬ 15 + 47 = 62

✛ □ 안에 알맞은 수를 쓰세요.

⓭ 92 + 34 = 126

⓮ 55 + 63 = 118

⓯ 82 + 64 = 146

⓰ 57 + 80 = 137

⓱ 53 + 75 = 128

⓲ 94 + 82 = 176

⓳ 45 + 83 = 128

⓴ 94 + 72 = 166

㉑ 92 + 25 = 117

㉒ 66 + 83 = 149

㉓ 46 + 81 = 127

㉔ 53 + 56 = 109

106 · 107

여러 가지 방법으로 덧셈하기
관련 쪽수: 54~71쪽

✛ □ 안에 알맞은 수를 쓰세요.

❶ $38 + 25$
$= 38 + \boxed{20} + 5$
$= \boxed{58} + 5$
$= \boxed{63}$

❷ $56 + 37$
$= 56 + 30 + \boxed{7}$
$= 86 + \boxed{7}$
$= \boxed{93}$

❸ $59 + 16$
$= 59 + \boxed{10} + 6$
$= \boxed{69} + 6$
$= \boxed{75}$

❹ $15 + 65$
$= 15 + 60 + \boxed{5}$
$= 75 + \boxed{5}$
$= \boxed{80}$

❺ $45 + 39$
$= 45 + \boxed{40} - 1$
$= \boxed{85} - 1$
$= \boxed{84}$

❻ $67 + 17$
$= 67 + 20 - \boxed{3}$
$= 87 - \boxed{3}$
$= \boxed{84}$

✛ 여러 가지 방법으로 덧셈을 하려고 해요. □ 안에 알맞은 수를 쓰세요.

❼ $38 + 17 = \boxed{55}$ (+2, −2)
$\boxed{40} + \boxed{15}$

❽ $54 + 39 = \boxed{93}$ (−1, +1)
$\boxed{53} + \boxed{40}$

❾ $19 + 54 = \boxed{73}$
  50 $\boxed{4}$

❿ $29 + 25 = \boxed{54}$
  $\boxed{1}$ 24

⓫ $33 + 27 = \boxed{60}$
  $\boxed{30}$ −3

⓬ $48 + 45 = \boxed{93}$
  2 $\boxed{43}$

⓭ $34 + 48 = \boxed{82}$
  $\boxed{50}$ −2

⓮ $36 + 45 = \boxed{81}$
  4 $\boxed{41}$

108

두 자리 수의 덧셈
관련 쪽수: 74~99쪽

✛ □ 안에 알맞은 수를 쓰세요.

❶
$$\begin{array}{r} \boxed{1} \\ 3\ 9 \\ +\ 6\ 5 \\ \hline \boxed{1}\ 0\ \boxed{4} \end{array}$$

❷
$$\begin{array}{r} \boxed{1} \\ 8\ 8 \\ +\ 4\ 6 \\ \hline \boxed{1}\ 3\ \boxed{4} \end{array}$$

❸
$$\begin{array}{r} \boxed{1} \\ 7\ 5 \\ +\ 5\ 6 \\ \hline \boxed{1}\ 3\ \boxed{1} \end{array}$$

❹
$$\begin{array}{r} \boxed{1} \\ 6\ 7 \\ +\ 4\ 8 \\ \hline \boxed{1}\ 1\ \boxed{5} \end{array}$$

❺
$$\begin{array}{r} \boxed{1} \\ 5\ 4 \\ +\ 5\ 9 \\ \hline \boxed{1}\ 1\ \boxed{3} \end{array}$$

❻
$$\begin{array}{r} \boxed{1} \\ 5\ 8 \\ +\ 7\ 4 \\ \hline \boxed{1}\ 3\ \boxed{2} \end{array}$$

❼
$$\begin{array}{r} \boxed{1} \\ 9\ 6 \\ +\ 3\ 9 \\ \hline \boxed{1}\ 3\ \boxed{5} \end{array}$$

❽
$$\begin{array}{r} \boxed{1} \\ 8\ 6 \\ +\ 7\ 8 \\ \hline \boxed{1}\ 6\ \boxed{4} \end{array}$$

❾
$$\begin{array}{r} \boxed{1} \\ 4\ 9 \\ +\ 9\ 8 \\ \hline \boxed{1}\ 4\ \boxed{7} \end{array}$$

❿ $93 + 55 = \boxed{148}$

⓫ $84 + 76 = \boxed{160}$

⓬ $62 + 57 = \boxed{119}$

⓭ $78 + 53 = \boxed{131}$